ニガテな生徒もどんどん書き出す！ ▸▸

# 中学・高校 英語 ライティング指導

上山晋平

学陽書房

# ライティング指導で<br>次のような悩みはありませんか？

- 「書く力」を伸ばすにはどうすればいい？
- 「書くプロセス」はどう取り入れると効果的？
- 「論理的な文章の書き方」はどう教えればいい？
- 「単語、１文、文章レベル」でつまずく生徒はどうすれば？
- 書かせた後の「添削」は必要？　効率的な添削の仕方は？
- 書く力を伸ばすための「家庭学習やテスト」はどうする？

**本書はこれらの悩みにこたえています！**

**さらに、効果的で継続しやすい取り組みを、授業や家庭学習の面でまとめました。**

# はじめに

「英語４技能」「表現力の強化」という言葉のひろがりとともに、ほかの技能とのバランスから、「スピーキング」や「ライティング」がここ最近おおいに注目を集めています。

スピーキング指導についての前著、『はじめてでもすぐ実践できる! 中学・高校　英語スピーキング指導』（学陽書房）はおかげさまで好評をいただいております。「スピーキングの基本的な指導や活動がわかった」「読んですぐに授業に導入できた」といううれしい声もいただきました。

同時に、「４技能を指導していると、どうしてもライティングを後回しにしてしまう。上山先生はどうされていますか」というご相談の声もいただくようになってきました。

たしかに、ライティング指導となると、
「授業で書く時間を十分にとれない」
「添削が大変だから書かせることに躊躇してしまう」
「添削はするが、ミスの修正だけで論理性や自然さは指導していない」
「教科書優先なのでライティングだけにフォーカスできない」
などの理由で、十分に指導できていない方も多いのではないでしょうか。私もずっとそうでした。

それと同時に「ライティング指導は自分が相当勉強しないといけないので敷居が高い」と躊躇してしまうこともありました。

本書は、そのような先生に対して、中・高校生のライティング指導で使える心がけや幅広い工夫点を１冊にまとめたものです。

「指導経験の少ない若手の先生」や「自由時間がなかなかとれない忙しい先生」にも役立つものになるよう意識し、ポイントをまとめたものになっています。

①見開き２頁を基本とし、ポイントが一目でわかる簡潔な記述！
②実践に役立つワークシートや具体例を多数掲載！
③本書で紹介したワークシートをダウンロード可能！

とくに「本やセミナーでやり方を知っても、ワークシートやスライドをつくる時間がまったくない」、という声もよく聞きます。

その声にお応えし、本書収録のワークシートを学陽書房のHPにてダウンロードできるようにいたしました（p.10参照）。ワークシートが編集可能な状態でストックできると、目の前の生徒に合うようアレンジがしやすいのではないでしょうか。きっと多くの方に役立てていただけるのではないかと思います。

ライティングを指導すると、大きな教育上の効果があります。

〇書くことで、単語や文法などの知識が身に付く（知識・技能）
〇書くことで、よりよい書き手に近づく（思考力・判断力・表現力）
〇書くことで、自己発見につながる（学びに向かう力、人間性）

**「書くことは考えること」**です。上記のような教育効果を発揮できるよう、我々教員は、生徒が書きたくなるMotivatorであり、型やモデルのResourceであり、かつ、良いところや解決策を提供するFeedback providerでありたいと思います（Jeremy Harmer氏の言葉より）。

本書は現場教員が現場教員のためにまとめた渾身の実践集です。「書かせてただ添削する」というライティング指導から一歩脱却するために、授業、家庭学習、テストなどの各場面で先生方がおおいに活用できる工夫点を収録しました。どうぞご覧ください。

２０２０年３月

上山 晋平

# CONTENTS

## 第1章 なぜいまライティングが重要？



## 第2章 書く力をつける９つの原則



## 第3章 ライティングプロセス３段階

## 第4章 つまずき３段階別指導法16

## 第5章 ライティングを取り入れた技能統合活動



## 第6章 パフォーマンス課題づくり



## 第7章 パフォーマンス課題の実践事例

## 第8章 書く力を高めるフィードバック



## 第9章 書く力をつける家庭学習



## 第10章 書く力を伸ばすテスト・評価

# ワークシートの
# ダウンロード方法と利用上の注意点

## ■ダウンロードできるもの

本書に掲載されているワークシートの一部はダウンロードができます。

ワークシート左上に「2-1　ライティングの９要素」など番号とタイトルが掲載されているものがダウンロードできます。

## ■ダウンロード方法

①学陽書房ホームページ内の、本書の個別ページにアクセスする

本書個別ページのURL

http://www.gakuyo.co.jp/book/

※学陽書房トップページキーワード検索に「65397」と入力するとアクセスできます

②ダウンロードしたいワークシート名をクリックする

③パスワードを入力する　パスワード：65397

## ■利用上の注意点

本書掲載のワークシートは、例として紹介したものです。利用の際には、適宜修正を加えてご使用ください。また、本書掲載のワークシートの利用に関して、著者及び発行者は責任を負いかねますことを予めご了承の上ご利用ください。

# 第1章

# なぜいまライティングが重要?

# 01 なぜいま ライティングが重要？

## 書く力は生きる力

SNS時代においては、コミュニケーションの中心が、「音声」から「文字メッセージ」に移っています。

現在では、中高生の多くがスマホを手にし、海外の人の様子を動画で見たりそれにコメントし合ったりすることがだれでも手元で容易にできる時代になったからです。

**つまり、今後は「話す力」に加え「書く力」がより重要になり、「書く力」こそ生きる力になっていくのです。**

## 「書くこと」は授業で十分指導できていない

では、その「書くこと」を授業で十分指導できているでしょうか。中学校の学習指導要領（平成２９年告示）解説によると、「書くこと」の指導が不十分であると指摘されています。

①文法・語彙等の知識の習得に重点が置かれ、コミュニケーション能力の育成を目指した取組、特に「話すこと」及び「書くこと」を意識した言語活動が十分でない
②「やり取り」・「即興性」を意識した言語活動が十分でない
③読んだことについて意見を述べ合うなど、複数の領域を統合した言語活動が十分に行われていない
④コミュニケーションを行う目的や場面、状況等に応じて自分の考えや気持ちなどを適切に表現することに課題がある（下線は引用者）

実際、ある大規模調査によると、授業で行われている学習内容の実施率のうち、「文法の問題を解く」が７９．０％と高いのに対し、「自分の気持ちや考えを英語で書く」は３４．８％という低い結果になっています。

授業でそれほど多く書くことや表現することが行われていないことがわかります。

では、何がこうした現状を生んでいるのでしょうか。

## 「書くこと」の難しさの原因は？

それは書く前から書くことが「難しい」とハードルを感じる生徒が多いことと、教える先生も書かせることは「大変」と思っているのが原因です。

書くことを難しくしている状況や原因を考えてみます。

(生徒)

- 何を書けばいいのかわからない
- 自分が表現したいことがうまく英語にできない
- 英語の文章の書き方がよくわからない

(先生)

- 他の技能を優先させがちで授業で書く時間が少ない
- 書かせたら添削が大変なので、書く回数が少なくなってしまう
- 効果的な指導の仕方がわからない

しかし、こうした現状においても、書くことをもっと授業に取り入れるべきなのです。なぜなら、書くことの指導には大きな教育的意義があり、「書くこと」によって生徒は主体的な学習者になれるからです。

では、書くことにはどのような教育的意義があるのでしょうか。次の頁をご覧ください。

# 02 ライティングの「意義」とは

## ライティング指導の目的は？

書くことには大きな３つの教育的意義があります。これらは、学校で書くことを指導する目的とも言えます。

先の頁（p.5）にあるように、生徒は、「書くこと」を通して
**①書くことで、単語や文法などの知識が身に付く（知識・技能）**
**②書くことで、よりよい書き手に近づく（思考力・判断力・表現力）**
**③書くことで、自己発見につながる（学びに向かう力、人間性）**

①の知識面では、書くことを通して、単語や文法などの知識を身に付けることができる、という意味です。新しく学んだ単語や文法は、実際に書いてみることによってより身に付きやすくなります。

②の「よりよい書き手に近づく」とは、目的や場面、状況に合わせて頭を使って論理的に書く力を向上させることができるという意味です。

③は、書くことで自己発見ができる、ということです。「書くことは考えること」と言われます（≒ the close relationship between writing and thinking）。

書いて自己表現することで「自分はこう考えていた」と、それまで意識しなかった自己を発見することになります。新たな自己を発見することは、自己形成につながります。自己表現は自己発見につながるのです。

また、生徒が書いた自己表現作文を読むことは、他者理解（生徒理解）につながります。書くことの指導の際には、こうした教育的意義を頭に入れておきたいものです。

## 英語は自分の気持ちを表現しやすい言語

先ほど生徒の自己表現作文を読むことは生徒理解につながると紹介しましたが、まさに「英語で書くこと」はそれが実現しやすいと言えます。

なぜなら、英語は日本語に比べて素直な気持ちを表現しやすい言語であるからです。日本語では少し言いにくい内容でも、英語では自分の気持ちを込めて伝えてくれる生徒もいます。

たとえば、保健室で自分の気持ちを英語でつづっていた生徒の英文を紹介します。

I think that I'm not unhappy. But I feel unhappy now. I can't study. I only go to school to sit down on my desk. I'm tired. I want to go Hiroshima University, but the school is smart. I need to study more and more hard. However, I'm afraid of studying. Can I study?? Can I go there? I can't answer thouse questions... I hope I'm happy.（原文ママ）

また、別の生徒は、テーマ「困難な決断を迫られた医師」を教科書で学習した後に、What's the most difficult decision you have ever made in your life? というお題で次のように書きました。

When I was eight years old, my father and mother couldn't live together. They asked me "Who do you live with?" I couldn't answer the question. I needed much time. At last, I made a decision. I said "I want to live with good parent". I live with my mother now.（原文ママ）

英語で書くことは人とコミュニケーションするのに欠かせない「豊かな心の醸成」という大きな効果をもたらします。さらに、自己表現作文を読むことは生徒理解に通じるという意味で、大きな教育的意義があるのです。

# 03 ライティングで求められる「目標」

## 小学校の書くことの目標のポイントは？

日本の小中高の英語教育で求められているライティングの目標とは何でしょうか。何事も目標は大切なので、ポイントを小学校から概観してみましょう。

小学校のポイントは、「アルファベット（大文字・小文字）を書けること」、「書き写せること」、「語句や表現を書けること」です。

## 中学校の書くことの目標のポイントは？

中学校のポイントは、「（スポーツや音楽など）関心のある事柄を正しく書けること」、「日常的な話題をまとまりのある文章で書けること」、「（自然環境や世界情勢など）社会的な話題を読み聞きして、自分の考えや感想、理由などを書けること」です。「社会的な話題」について書けることが目標となっています。

## 高校の書くことの目標のポイントは？

高校は「英語コミュニケーション」と「論理・表現」の２つの科目があり、ここでは英語コミュニケーションを中心に見てみます。

高校でのポイントは、「日常的な話題を論理的に書けること」と「社会的な話題を読み聞きして、情報や意見を論理的に書けること」です。ともに「論理的」という言葉が含まれています。

## 「書くこと」における校種・科目別の目標

| 小学校 5, 6 年<br>外国語 | 中学校<br>外国語 | 高等学校<br>英語コミュニケーションⅠ | 高等学校<br>論理・表現Ⅰ |
|---|---|---|---|
| ア　大文字，小文字を活字体で書くことができるようにする。また，語順を意識しながら音声で十分に慣れ親しんだ簡単な語句や基本的な表現を書き写せるようにする。 | ア　関心のある事柄について，簡単な語句や文を用いて正確に書くことができるようにする。 | ア　日常的な話題について，使用する語句や文，事前の準備などにおいて，多くの支援を活用すれば，基本的な語句や文を用いて，情報や考え，気持ちなどを論理性に注意して伝える文章を書くことができるようにする。 | ア　日常的な話題について，使用する語句や文，事前の準備などにおいて，多くの支援を活用すれば，基本的な語句や文を用いて，情報や考え，気持ちなどを論理の構成や展開を工夫して伝える文章を書くことができるようにする。 |
| イ　自分のことや身近で簡単な事柄について，例文を参考に，音声で十分に慣れ親しんだ簡単な語句や基本的な表現を用いて書くことができるようにする。 | イ　日常的な話題について，事実や自分の考え，気持ちなどを整理し，簡単な語句や文を用いてまとまりのある文章を書くことができるようにする。 | イ　社会的な話題について，使用する語句や文，事前の準備などにおいて，多くの支援を活用すれば，聞いたり読んだりしたことを基に，基本的な語句や文を用いて，情報や考え，気持ちなどを論理性に注意して伝える文章を書くことができるようにする。 | イ　日常的な話題や社会的な話題について，使用する語句や文，事前の準備などにおいて，多くの支援を活用すれば，聞いたり読んだりしたことを活用しながら，基本的な語句や文を用いて，意見や主張などを論理の構成や展開を工夫して伝える文章を書くことができるようにする。 |
| | ウ　社会的な話題に関して聞いたり読んだりしたことについて，考えたことや感じたこと，その理由などを，簡単な語句や文を用いて書くことができるようにする。 | | |

(出所) 各種学習指導要領より抜粋して作成（下線は引用者）

＊高等学校の２科目（英語コミュニケーション，論理・表現）は各Ⅰ～Ⅲあるが，ここではⅠのみ掲載（校種間の接続に主眼）。

# 04 ライティングで求められる「活動」

## 小学校の書くことの活動のポイントは？

次に小中高で、求められているライティング活動を学習指導要領から見てみましょう。これをすると、自分の校種に入学してくる生徒がそれまでに、どのような活動を経験してきたのかがわかります。

たとえば、中学に入学する生徒たちは、小学校で「アルファベット（大文字、小文字）を書く活動」、「語句を書き写す活動」、「基本表現を書き写す活動」、「例から言葉を選んで書く活動」のような活動に取り組んでいます。

## 中学校の書くことの活動のポイントは？

では、中学校ではどのような活動を経験しているのでしょうか。

「（趣味や好き嫌いなど）自分に関することを書く活動」、「（手紙や電子メールの形で）近況を伝える活動」、「日常的なことをまとまりのある文章を書く活動」、「社会的な話題に考えや理由を書く活動」です。

## 高校の書くことの活動のポイントは？

高校で取り組むのは、まず「日常的な話題を理由や根拠とともに伝える活動」や「書いたものを読み、質疑応答、意見や感想を伝え合う活動」です。もう一つは、「社会的な話題を理由や根拠と伝える活動」と「書いたものを読み、質疑応答、意見や感想を伝え合う活動」です。

## 「書くこと」における校種・科目別の「活動」

| 小学校 5, 6 年<br>外国語 | 中学校<br>外国語 | 高等学校<br>英語コミュニケーションⅠ | 高等学校<br>論理・表現Ⅰ |
|---|---|---|---|
| （ア）文字の読み方が発音されるのを聞いて，活字体の大文字，小文字を書く活動。 | （ア）趣味や好き嫌いなど，自分に関する基本的な情報を語句や文で書く活動。 | （ア）身近な出来事や家庭生活などの日常的な話題について，使用する語句や文，文章例が十分に示されたり，準備のための多くの時間が確保されたりする状況で，情報や考え，気持ちなどを理由や根拠とともに伝える段落を書く活動。また，書いた内容を読み合い，質疑応答をしたり，意見や感想を伝え合ったりする活動。 | （ア）関心のある事柄や学校生活などの日常的な話題について，使用する語句や文，文章例が十分に示されたり，準備のための多くの時間が確保されたりする状況で，情報や考え，気持ちなどを適切な理由や根拠とともに伝える段落を書く活動。また，書いた内容を読み合い，質疑応答をしたり，意見や感想を伝え合ったりする活動。 |
| （イ）相手に伝えるなどの目的をもって，身近で簡単な事柄について，音声で十分に慣れ親しんだ簡単な語句を書き写す活動。 | （イ）簡単な手紙や電子メールの形で自分の状況などを伝える活動。 | | |
| （ウ）相手に伝えるなどの目的をもって，語と語の区切りに注意して，身近で簡単な事柄について，音声で十分に慣れ親しんだ基本的な表現を書き写す活動。 | （ウ）日常的な話題について，簡単な語句や文を用いて，出来事などを説明するまとまりのある文章を書く活動。 | （イ）社会的な話題について，使用する語句や文，文章例が十分に示されたり，準備のための多くの時間が確保されたりする状況で，対話や説明などを聞いたり読んだりして，情報や考え，気持ちなどを理由や根拠とともに伝える段落を書く活動。また，書いた内容を読み合い，質疑応答をしたり，意見や感想を伝え合ったりする活動。 | （イ）日常的な話題や社会的な話題に関して聞いたり読んだりした内容について，使用する語句や文，文章例が十分に示されたり，準備のための多くの時間が確保されたりする状況で，発想から推敲まで段階的な手順を踏みながら，意見や主張などを適切な理由や根拠とともに伝える段落を書く活動。また，書いた内容を読み合い，質疑応答をしたり，意見や感想を伝え合ったりする活動。 |
| （エ）相手に伝えるなどの目的をもって，名前や年齢，趣味，好き嫌いなど，自分に関する簡単な事柄について，音声で十分に慣れ親しんだ簡単な語句や基本的な表現を用いた例の中から言葉を選んで書く活動。 | （エ）社会的な話題に関して聞いたり読んだりしたことから把握した内容に基づき，自分の考えや気持ち，その理由などを書く活動。 | | |

（出所）各種学習指導要領より抜粋して作成（下線は引用者）

＊高等学校の２科目（英語コミュニケーション，論理・表現）は各Ⅰ～Ⅲあるが，ここではⅠのみ掲載（校種間の接続に主眼）。

# 05 入試や検定で必要なライティング問題

## 中学３年生の問題例（平成29年度英語力調査）

今度は、どのような力が入試や検定で求められているのかを見ていきましょう。これは英語が苦手な生徒にも必ず取り組ませたいものです。

以下は、「平成２９年度英語力調査」の「書くこと」における中学３年生の問題です。この問題を解けることが中学校で目指す姿の一つです。

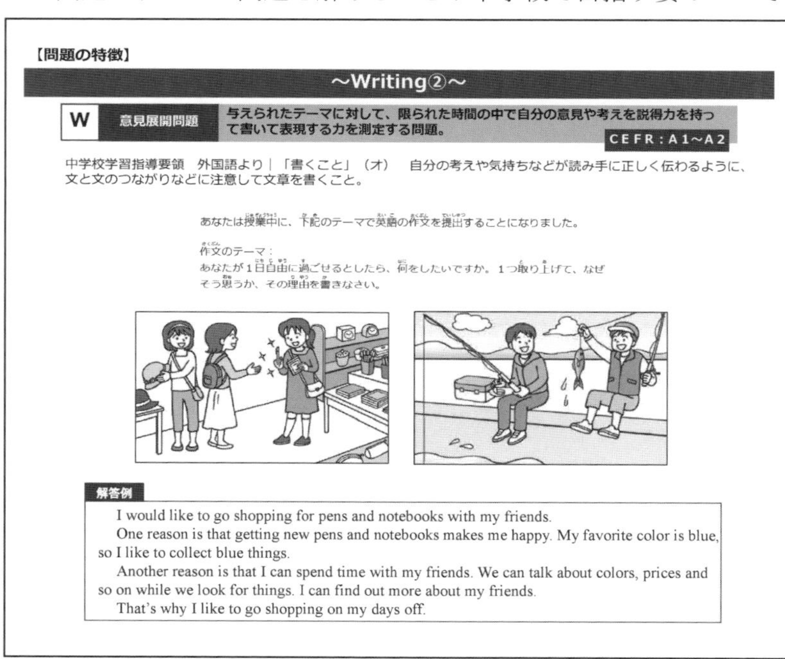

【問題の特徴】

～Writing②～

W　意見展開問題　与えられたテーマに対して、限られた時間の中で自分の意見や考えを説得力を持って書いて表現する力を測定する問題。　CEFR：A1～A2

中学校学習指導要領　外国語より｜「書くこと」（オ）　自分の考えや気持ちなどが読み手に正しく伝わるように、文と文のつながりなどに注意して文章を書くこと。

あなたは授業中に、下記のテーマで英語の作文を提出することになりました。

作文のテーマ：
あなたが１日自由に過ごせるとしたら、何をしたいですか。１つ取り上げて、なぜそう思うか、その理由を書きなさい。

解答例

I would like to go shopping for pens and notebooks with my friends.

One reason is that getting new pens and notebooks makes me happy. My favorite color is blue, so I like to collect blue things.

Another reason is that I can spend time with my friends. We can talk about colors, prices and so on while we look for things. I can find out more about my friends.

That's why I like to go shopping on my days off.

出典：「平成２９年度英語教育改善のための英語力調査」（文部科学省）

- Ａ１下位レベル：意見を書けた人は５５．３％、理由を書けた人は５２．６％
- Ａ１上位レベル：意見・理由ともに書けた人は９８％以上

## 高校３年生の問題例（平成29年度英語力調査）

続いて高校の問題を見てみましょう。

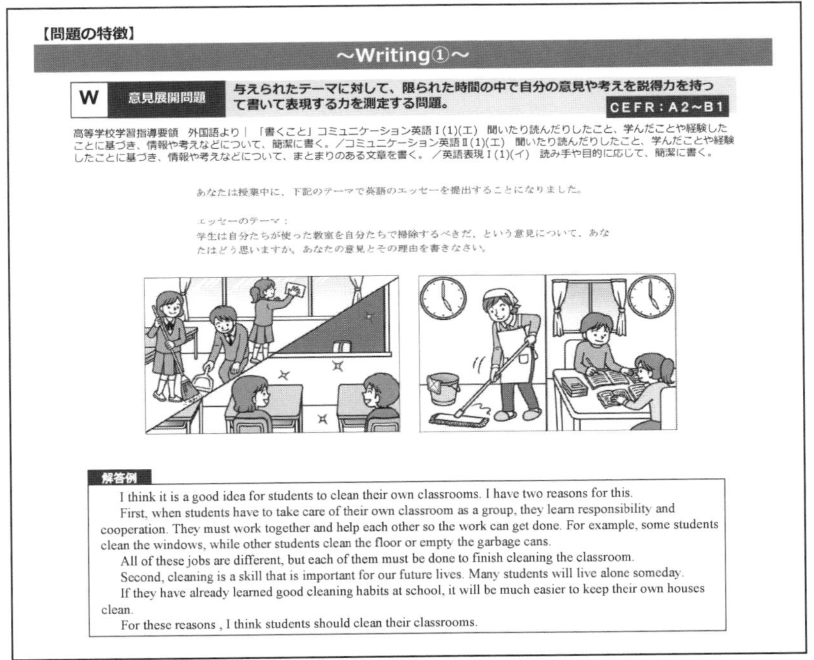

【問題の特徴】

～Writing①～

W　意見展開問題　与えられたテーマに対して、限られた時間の中で自分の意見や考えを説得力を持って書いて表現する力を測定する問題。　CEFR：A2～B1

高等学校学習指導要領　外国語より｜「書くこと」コミュニケーション英語Ⅰ(1)(エ)　聞いたり読んだりしたこと、学んだことや経験したことに基づき、情報や考えなどについて、簡潔に書く。／コミュニケーション英語Ⅱ(1)(エ)　聞いたり読んだりしたこと、学んだことや経験したことに基づき、情報や考えなどについて、まとまりのある文章を書く。／英語表現Ⅰ(1)(イ)　読み手や目的に応じて、簡潔に書く。

あなたは授業中に、下記のテーマで英語のエッセーを提出することになりました。

エッセーのテーマ：
学生は自分たちが使った教室を自分たちで掃除するべきだ、という意見について、あなたはどう思いますか。あなたの意見とその理由を書きなさい。

解答例

I think it is a good idea for students to clean their own classrooms. I have two reasons for this.

First, when students have to take care of their own classroom as a group, they learn responsibility and cooperation. They must work together and help each other so the work can get done. For example, some students clean the windows, while other students clean the floor or empty the garbage cans.

All of these jobs are different, but each of them must be done to finish cleaning the classroom.

Second, cleaning is a skill that is important for our future lives. Many students will live alone someday.

If they have already learned good cleaning habits at school, it will be much easier to keep their own houses clean.

For these reasons , I think students should clean their classrooms.

出典：「平成２９年度英語教育改善のための英語力調査」（文部科学省）

この問題は、意見展開文です。意見展開文とは、与えられたテーマに対し、意見や考えを説得力を持って書く問題です。この問題の結果です。

- Ａ１レベル：意見を書けた人は２７．７％。理由を書けた人は５６．０％
- Ａ２レベル：意見を書けた人は９１．２％。理由を書けた人は１００％

入試問題も早めに生徒と見ておくと、目標を共有することができます。

# 第２章

# 書く力をつける９つの原則

書く力をつける
9つの原則

# 01 「書く力をつける」と決意する

## 教師と生徒の決意が何よりも大切

書く力をつける原則は9つあり、この章で順に紹介していきますが、まず最も大切なのは「絶対書く力をつけるんだ！」という教師と生徒の決意です。

なぜなら「ライティングは4技能で最後に習得する技能」と言われ、かつ、「ライティングは指導順位も最後になりがちだから」です。

教師が「書く力をつける！」と決意しないと書く機会はなかなか持てません。つまり、成功のコツは教師自身ということです。

## ライティングの「構成要素」と「タイプ」を頭に入れる

「書く力をつける！」と決意して、ただ書けばいいものではなく、ライティングの「9つの要素」と「タイプ」を頭に入れることが大切です。

書くという行為は多くの要素が関わる複雑なもので、これまで多くの提案がなされています。右頁の（1）では、その1つを紹介します。

右頁の（1）では、9つの要素のうち、書くときにこれまでとくに意識してきた項目に☑をします。

多くの生徒は、表の上側にある文法や語彙などの要素に☑がつき、下側のプロセス、対象者や目的などの要素は少なくなるでしょう。それをもとに、「今後はただ書くだけでなく、注意を払いたい要素を意識しながら書こう」と生徒に呼びかけます。同様に（2）では、ライティングにはどのようなタイプがあるかを確認できます。今後取り組みたいタイプを確認したり、状況設定をして書いたりする際に使えます。

## 2-1　ライティングの９要素

### ライティング力を上げるには？　－ライティングの要素とタイプを理解する－

**（1）ライティングの９要素**

「書く力を上げたい」そう思っている人は多いでしょう。では，書く力はどうすれば上がるでしょうか。書く力を高めるために，まずライティング力を構成する要素について考えてみましょう。

書くということは，実はけっこう複雑な要素になっているのです。

**■アイデアを明瞭に流暢に効果的に伝える■**

| □語彙選択<br>（語彙・イディオム・調子） | □操作<br>（手書き・スペル・句読点） | □文法<br>（動詞・呼応・冠詞・代名詞等） |
|---|---|---|
| □統語法<br>（文構造・文境界・文体の選択等） | □内容<br>（適切さ・明瞭さ・独創性・論理等） | □書き手のプロセス<br>（アイデア・書き始め，下書き・推敲） |
| □対象者（読者） | □目的（作文の目的） | □構成<br>（パラグラフ・主題と支持文・文法的一貫性と統一性） |

（出所）望月昭彦編著『新学習指導要領にもとづく英語科教育法』（大修館書店）p. 164 を参考に作成

【演習】

①上の表を見てください。自分がこれまで書くときに，特に意識してきた要素はどれでしょう。□に☑を入れてみてください。

②表の「上側」にある要素（語彙選択，操作，文法，統語法）に☑がついた人が多いのではないでしょうか。（あなたはどうでしたか。）

③一方，図の「下側」の要素（書き手のプロセス，対象，目的，構成）に☑がついた人は，それほど多くはなかったかもしれません。

④表の上に「アイデアを明瞭に流暢に効果的に伝える」とあるように，自分の考えを明瞭に流暢に効果的に伝えるには，この表にある「９つの要素すべて」を意識して，取り組んでいきましょう。

⑤あなたが今後書くときに，特に注意を払いたい要素は何ですか。書き出してみましょう。

**（2）ライティングのタイプ**

次はライティングのタイプの一覧です（今なら SNS も入りますね）。まだ書いたことのないものや今後取り組みたいものに☑をしてみましょう（いろいろな状況設定をして書くときの参考にもなります）。

| 1 Personal writing | □diaries □journals □shopping lists □reminders □recipes |
|---|---|
| 2 Public writing | □letters of ( enquiry, complaint, request ) □form filling □applications |
| 3 Creative writing | □poems □stories □rhymes □drama □song □autobiography |
| 4 Social writing | □letters □invitations □telephone messages □instructions<br>□notes of ( condolence, thanks, congratulations ) |
| 5 Study writing | □making notes while reading □taking notes from lectures □summaries<br>□reviews □reports of ( experiments, workshops, visits ) □essays |
| 6 Institutional writing | □agendas □reports □reviews □contracts □business letters<br>□public notices □advertisements □posters □instructions □speeches |

（出所）米山朝二著『新編　英語教育指導法事典』（研究社）p. 133 を参考に作成

書く力をつける
9つの原則

# 02 「たくさん頻繁に」書く場面を設定する

## 書く場面をいつ設定するか

次に、書く力をつける原則の２つめ、授業のどの場面で書く活動を取り入れることができるかを見てみましょう。「スピーキングやリーディングの活動後はライティングでまとめる」と意識すると、書く機会をより増やすことができます。

### (１)「帯学習」で書く

授業の最初に行う帯学習では、次のような活動が行えます。

活動①　Picture Description（状況を英語で書いて説明する）

画像を見て、状況を説明する英文を書く。これは英検の２次試験に類似しています。

活動②　３分即興ライティング＆スピーチ

３分間で英作文を行い、それを見ずにペアで互いにスピーチし合う活動。英作文後には語数をカウントする。お題はWhat do you usually do in your free time? など。入試や英検の問題を使うとモチベーションはさらに高まる。

### (２)「新出言語材料」を使って書く

新出文法や表現を学んだ後は、次のような活動ができます。

活動③　基本文でちょこっと英作文

基本文や重要表現を習った後に自分のことを表現する活動。たとえばwant to ~ やto my surpriseを習ったら、それを使い自分を表現する。

例）I want to be a teacher in the future.

例）To my surprise, I have a cousin who is a movie star.

活動④　プラス１（基本文の前後に１文付け足し）

基本文の前後に１文付け足す活動。たとえば、have to ~を学習したら、その文に１文付け足す。I have to do my homework. Otherwise, my teacher will be angry with me.

活動⑤　基本文を含む３文ライティング

３文で話が簡潔するダイアログ（対話型）やモノログ（説明型）をつくる。自然でまとまりのある文脈を考えることにつながる。

A : What were you doing at 7:00 last night?

B : I was having dinner with my family.

B : Oh, that's why you didn't answer my call then.

家庭学習で考えた後に、授業で全体共有することで、英語力と発想力が身に付く。

### （３）教科書本文の内容を使って書く

教科書本文を使うと次のような書く活動が可能です。

活動⑥　スキットづくり

本文の一部を活用して自分たちオリジナルのスキットをつくる活動。

例えば「理想的なクリスマスパーティー」や「比較級を使ったオチのあるスキット」など。

活動⑦　好きな英文（フレーズ）紹介

本文から印象に残った文を書いて、理由や自分との関わりを書く。

例）I like Ken's phrase, "Never give up." because I think ...

活動⑧　サマリー＆オピニオン紹介

本文を未読の人に内容を紹介する目的でサマリー活動を行い、さらにインターネットなどで情報を収集し、自分の意見を付け加えて伝える。

書く力をつける
9つの原則

# 03 「生徒の表現意欲」を高める

## 表現意欲を高める活動４つのポイント

書く力をつける原則の３つめが、生徒の「表現したい」という意欲を高めることです。表現意欲を高めるには、「表現の必然性、活動の具体性、生徒の自己関連性、表現の自由度」の４つの要素が必要とされています。（田中・田中、2003）

### （1）表現の必然性を高める

①生徒が表現したいと思う場面や状況を設定する

- 実際に身の回りで起きそうな場面や身近な人を設定する（部活動や修学旅行）
- 関心を持ちそうな目的にする（パーティーのためのカードづくり）

②活動の目的を明確にする

- 生徒のつくった作品を英語新聞やHPにして、家庭やほかの人に見てもらう
- クラス全員の前で発表して、ビデオで録画する
- ALTや地域の人に見てもらう

### （2）活動の具体性を高める

①活動内容を具体的にイメージさせて活動に取り組ませる

- 実物を使って活動する（電話の着信音、マイク、パンフレット）
- 活動を具体的にする（スキットはメモを見ずに人の目を見て話す）

②背景知識（スキーマ）を活性化させ、メッセージを具体的にする
- ブレインストーミングやリストアップ(言いたいことと例を３つメモ)
- 構成や方策を考える（引き付け、締めくくり、タイトルなど）

### （３）生徒の自己関連性を高める

①活動内容を生徒自身のことや身近で関連のある事柄にする
- 自分や身近な人物を活用する（担任、芸能人、アニメキャラなど）

②英語授業以外での学びを活用する
- 他教科での学習を生かす(社会科の人口変化についてALTに教える)
- 学校内外の行事・活動を生かす（修学旅行についてALTに教える）

③生徒自身の感情・考え・意見を活用し、生徒の主観を問う
- 思いや意見を表現させる（I'm happy ～.／賛成か反対か述べる）
- 経験や価値観に基づかせる
(When I was in junior high school, I ...)

### （４）表現の自由度を高める

①答えが１つに絞られない、自分の意思や判断で主体的に表現できる活動を取り入れる
- 自由度の高い活動を行う（英語劇、クイズ、日記、mail）

②生徒が選択肢の中から話題や内容を選んで決定する
- 複数選択肢を準備する（「次のトピックから選んで書きましょう」）
- A or Bの２択だけでなく「その他」という選択肢を設ける

③教師がパフォーマンスや作品に取り組み、具体例を生徒に示す
- 「自分もできる」「やりたい」と思わせる
- 新情報、実物、強調、使いやすい表現などの工夫を示す

# 04 「型やモデル」を活用する

## 論理的に伝えるための「OREO」

プレゼンや論理的に伝える場合に役立つ型があります（大嶋、2019）。

- PREP法（Point→Reason→Example→Point）
- SDS法（Summary→Details→Summary）
- FABE法（Feature→Advantage→Benefit→Evidence）

ここでは最初の「PREP法」と呼ばれる型を紹介します。

PREP法は、Point（結論）、Reason（根拠）、Example（事例）、Point（まとめ）という４つの英単語の頭文字からなる言葉です。

- Point＝最初に「結論や意見」を伝える
- Reason＝次に「理由」を伝える（ある程度抽象的・総括的に）
- Example＝具体的な「事例」を示して納得してもらう
- Point＝最後に「結論や意見」をもう一度伝えて終わり（短ければ不要）

このPREPを、英語教育界ではOREOと呼ぶこともあります。PREPのPをO（Opinion）にするとOREOとなり、お菓子の名前を連想して生徒も親近感が湧くようです。

英語で「OREOの型を使って書きなさい」と言うときは、Use the O-R-E-O format and state your opinion. と伝えます。

OREOを教える際は、右のような資料を用いて、よく使われる表現も一緒に教えるとよいでしょう。個人的な実感として、OREOで論理的な型が身に付いた生徒は、日本語の小論文も早く上達する傾向があります。

## 2-2 OREOの型

### 英語で論理的な文章を書くための型 ―「OREO」を使おう―

相手に納得してもらえるような論理的な文章を書くには，どうすればいいでしょうか。論理的に伝えるのに役立つOREO（またはPREP）という型があるので，それを活用して書いてみましょう。

**（1）OREO（クッキーの名前みたい）とは，文章を次のようなO→R→E→Oの型で書くものです。**

O：Opinion（意見・主張）
R：Reason（理由）
E：Example（事例），Explanation（説明），Evidence（証拠）
O：Opinion（再まとめ）

＊OREOのOをP（Point：結論）にしてPREPとも呼びます。

**（2）OREOのポイントをまとめます。**

・(Opinion) 最初に「結論」を伝える
・(Reason) 次に「理由」を伝える（ある程度抽象的・総括的に）
・(Example, Explanation, Evidence) 具体的な事例を示して相手に納得してもらう（具体的）
・(Opinion) 最後に言いたいことをもう一度伝えて終わり（短ければ不要）

**（3）OREOの型と一緒によく使う表現も覚えましょう。文章中での働きもよく理解しましょう。**

| | OREO | 文の働き・機能 | 使える表現 |
|---|---|---|---|
| O | Opinion（Point）<br>結論（要点） | 【トピックセンテンス】（主題文）<br>「結論」や「自分の主張」を述べる。<br>＊抽象的，総括的な文<br>（文章全体の要約） | ●I believe that S+V<br>「私は～だと思います」<br>●I agree with the opinion that S+V for several reasons.<br>「SVという意見に賛成です」 |
| R | Reason<br>理由 | 【サポーティングセンテンス】（支持文）<br>トピックセンテンスで述べた結論に至った「理由」を説明する（R）。その後に，「具体的な事例」や「データ」を提示して，より説得力を持たせる（E）。<br>＊（R）理由＋（E）理由の理由（根拠）<br>＊理由は客観的に（個人的でなく）<br>＊Eは，データ，具体例，説明，専門家の意見など | ●That (It) is because S+V<br>「なぜならば～」<br>●One reason is that S+V.「1つめの理由は～」<br>Another is that S+V.　「別の理由は～」 |
| E | Example 事例<br>Evidence 証拠<br>Explanation 説明 | | ●For example, ～「たとえば～」<br>●According to data,<br>「データによると～」 |
| O | Opinion（Point）<br>結論（まとめ） | 【コンクルーディングセンテンス】（結語文）<br>＊最後に上記の意見をまとめ，結論や自分の主張を再度強調する | ●In conclusion, S+V<br>「結論としては～」<br>●For these reasons, S+V<br>「こうした理由から～」 |

**（4）「中学生の昼食は，弁当と給食のどちらがいいか」のお題についてOREO型で述べてみましょう。**

Which is better for lunch for junior high school students, school lunch or boxed lunch?

O：I believe school lunch is better than boxed lunch for junior high school students.（給食がいい）
R：One reason is that school lunch is more nutritious than boxed lunch.（栄養価が高いから）
E：School lunch is made by professional nutritionist, who cook healthy meals. On the other hand, boxed lunch is made by parents, who tend to pack unhealthy frozen food in their kids lunch boxes. Lack of nutritious balance is not good for students' growth.（栄養バランスの偏りは不健康）
（続いてAnother reason is that ～と2つ目の理由と例を述べる。）
O：For these nutritious reasons, school lunch is better for junior high school students.

# 05 「継続的に書く」仕組みをつくる

## 継続は力なり

「ライティング力をつけたい」と決意しても、当然継続しなければ力はそれほど伸びてくれません。とくにライティングは多くの要素が関わるので、継続的な取り組みが必要になります。では、書くことを継続するコツとは何でしょうか。

## ライティング指導を長期間継続するコツ

①CAN-DOリストをつくる

CAN-DOリストで長期的な目標を設定しておくことも継続するための仕組みの1つです。記述は、生徒の状況を見ながら、入試や技能検定、CEFRなどを参考につくります。

| | |
|---|---|
| 高3 | □①【英作】各タイプ（語り文、描写・説明文、意見文）を**80（全員50）語を15分で書く**ことができる。<br>□②【和文英訳】**英語と日本語の違いを意識**して、**自然な日本語を英語に直す**ことができる。 |
| 高2 | □①【英作】各タイプ（語り文、描写・説明文、意見文）を**60（全員40）語を15分で書く**ことができる。<br>□②【和文英訳】**教科書の例文**を活用して、**日本語を英語に直す**ことができる。 |
| 高1 | □①【英作】各タイプ（語り文、描写・説明文、意見文）を**50（全員30）語を15分で書く**ことができる。<br>□②【和文英訳】**教科書の例文**で、**日本語を英語に直す**ことができる。 |

②テストに入れる

授業で書く活動を本気で続けるためには、定期テストで「(５０語など)まとまった分量の文章」を書く問題を設定し（１問１０点など)、それに向けて授業でも練習することが必要です。

また、定期テストに出題するだけでなく、英検合格などを目標の一つとすると、１次試験から長めの文章を書く練習ができます。

英検や入試問題を時々生徒に見せると、「ふだんの活動と似ているよね」「こうした力を授業でつけているんだよ」と互いに目指す方向のベクトル合わせができます。これがふだんの活動の意味づけにもなります。

③教科書の書く活動をとばさずに取り組む

中学でも高校でも、教科書には書く活動が設定されています。そうした活動をとばすことなく取り組んでみましょう。

また、教科書の１単元が終わるたびに、そのレッスンで学んだこと(Summary) と自分の意見 (Opinion) を英語で話して書くようにします。毎時間のリテリング活動と単元末の書く活動をつなげることができます。

④スピーキング活動とリンクさせる

さらに、帯学習などで広く行われているスピーキング活動（ワードカウンターでのモノログや、チャット、ディスカッション）の後に、「話したら書く活動」を時々行うと、自分の英文の不備に気づくなどして正確さも高まりやすいです。

⑤「集中練習期間」を設ける

英検や入試前に「集中練習期間」を設けることも書く力を伸ばします。たとえば「３分ディスカッション」と「３分ライティング」を組み合わせた活動を続けると、生徒はずいぶん書けるようになります（p.104～107参照)。

# 06 「書いたら添削」は気にしすぎない

## 添削を気にせずに書く機会を増やす

生徒が書いた英文はすべて教師が添削して返却しなければならないのでしょうか。１人の添削を２分とすると、１クラス３０人で１時間、３クラスなら３時間。働き方改革を考えると容易に推奨はできません。

そこで私は、「書く力をつけるには、添削よりもたくさん書く回数のほうが大切」と呪文のように唱えて信じて、生徒にもそう伝えて指導しています。実際、次のような研究報告もあるようです。毎回添削を完璧に行わなくても伸びる可能性があるのは、安心できますね。

- 日本人の高校生が、教師のフィードバックなしにひたすら書き、スタンプだけで返却する方式でもライティング力が向上（佐野、2007年）
- フィードバックの型がどうであれ、長期に定期的に練習していれば量と質の点でライティング力が向上（望月ほか、2015）

## それでも添削が前向きになる心構え

①時間をあまりかけすぎない

念入りに行おうと思うと続きません。書かせる頻度も下がりがちです。量にもよりますが、１人平均１分（３０秒）などと決めてみましょう。タイマーで計りながら行うと、集中力がより持続しやすくなります。

②「間違い直し」のみに集中しない

「先生が手間暇かけてくれた」と添削を喜ぶ生徒もいますが、赤だらけの添削は大抵あまり喜ばれません。また、多く訂正しても効果がないとも言います（p.142参照）。意味が通じないglobal error（語順、接続詞や時制の誤り）を訂正し、local error（つづり、前置詞等の誤り※ただしこれらもglobal errorとなるものもある。（例）file the documentとfire the documentなど）の修正は「１人３つまで」と制限してもいいでしょう。「正確さ重視」「内容重視」「論理展開重視」など添削の観点を決めるのも手です。

③お題をおもしろくする

おもしろいアイデアがある作文は読みたくなります（第７章参照）。

④その生徒の「ファン」になったつもりで読む

秋田県の大野理智子先生の言葉です。その生徒のファンのつもりで、「良い作品をほかの人に紹介する視点」を持つと読み進められます。

⑤「自己表現作文を読むことは、生徒理解に通じる」と考える

自己表現作文を読むと、生徒の考えを知ることができます。これはまさしく生徒理解に通じ、教育的活動だと実感できます（p.14〜15参照）。

⑥「愛するとは、その人のために時間を使うこと」だと考える

私があるボランティアの研修会で教わった言葉です。添削や採点時に、この言葉を思い出すと教育的使命から充実感がわくかもしれません。

⑦ためない

ためるとしんどいので、生活記録の点検のようにそのつどやります。

⑧時間がないときの添削やコメントの工夫（スタンプ押し以外の方法）

- ALTに修正やコメント書きを頼む（読み手としても必然性あり）
- 「●●がいいね！」と一言コメント（良い点をほめて意欲につなげる）
- 英文の良い部分に下線や花丸、スマイルマーク

書く力をつける
9つの原則

# 07 「テストや検定」で本気度を高める

## 目標とテストと授業の一体化

「目標とテストと授業の一体化」を意識するとよいでしょう。たとえば、生徒に「英語のプレゼン力をつけたい」と思ったら（＝目標）、それを測るパフォーマンステストを設定して、授業で練習するようにします。

こうすると、1学年を複数教員で担当しても同じ目標を共有することができ、教師も生徒も練習への本気度が高まります。

「目標とテストと授業の一体化」を取り入れて、「ある程度の長さの英文を論理的に書く力をつけたい」と思うときには次のようにします。

- 【目標】単元のゴールに「(まとまりのある英作文を) 書くこと」を入れる
- 【テスト】定期テストに出題する（本気で準備する）
- 【授業】ふだんの授業でまとまりのある英作文を書く練習をする

## 英検を目標の１つに掲げて活用する

英検は４技能型で構成されており、現在では１次試験からある程度の分量の英文を書く問題が出題されています。

私は時期を決めて、英検問題集を生徒に購入してもらって、それを使って英検取得の練習をして、４技能の力を高める機会としています。

ライティングに関しては、次のような取り組みをしています。

- 英検問題集を注文する（生徒からの級別の希望をとる）
- 自由英作問題に対しては評価基準（と規準）（英検サイト公開）を印刷して渡す
- 生徒の英文を、ALTの支援を受けてルーブリックに従い添削する

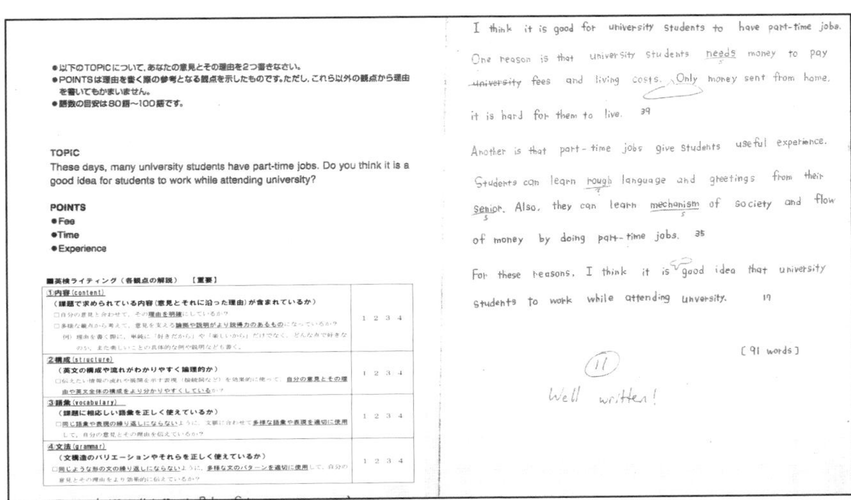

●以下のTOPICについて，あなたの意見とその理由を2つ書きなさい。
●POINTSは理由を書く際の参考となる観点を示したものです。ただし，これら以外の観点から理由を書いてもかまいません。
●語数の目安は80語～100語です。

TOPIC
These days, many university students have part-time jobs. Do you think it is a good idea for students to work while attending university?

POINTS
●Fee
●Time
●Experience

■英検ライティング（各観点の解説）　【重要】

| | |
|---|---|
| ①内容（content）<br>（課題で求められている内容（意見とそれに沿った理由）が含まれているか）<br>□自分の意見と合わせて，その理由を明確にしているか？<br>□多様な観点から考えて，意見を支える論拠や説明がより説得力のあるものになっているか？<br>例）理由を書く際に，単純に「好きだから」や「楽しいから」だけでなく，どんな点で好きなのか，また楽しいことの具体的な例や説明なども書く。 | 1　2　3　4 |
| ②構成（structure）<br>（英文の構成や流れがわかりやすく論理的か）<br>□伝えたい情報の流れや展開を示す表現（接続詞など）を効果的に使って，自分の意見とその理由や英文全体の構成をより分かりやすくしているか？ | 1　2　3　4 |
| ③語彙（vocabulary）<br>（課題に相応しい語彙を正しく使えているか）<br>□同じ語彙や表現の繰り返しにならないように，文脈に合わせて多様な語彙や表現を適切に使用して，自分の意見とその理由を伝えているか？ | 1　2　3　4 |
| ④文法（grammar）<br>（文構造のバリエーションやそれらを正しく使えているか）<br>□同じような形の文の繰り返しにならないように，多様な文のパターンを適切に使用して，自分の意見とその理由をより効果的に伝えているか？ | 1　2　3　4 |

I think it is good for university students to have part-time jobs.
One reason is that university students needs money to pay university fees and living costs. Only money sent from home, it is hard for them to live. 39
Another is that part-time jobs give students useful experience. Students can learn rough language and greetings from their senior. Also, they can learn mechanism of society and flow of money by doing part-time jobs. 35
For these reasons, I think it is good idea that university students to work while attending unversity. 17

[91 words]

11

Well written!

書くときには、上の英検問題のようにルーブリック（評価基準（と規準））を先に示しておくと、生徒はねらいにそって書こうとするため、英文の質が高まります。

## テストは生徒との信頼関係を築くチャンス

定期テストや英検の前は、生徒から質問や添削を求められるなど、生徒とたくさん話すチャンスができます。生徒は自分の作文に自信が持てないようで、「見てほしい」と言って持って来ます。

そのときは英語の勉強内容や方法だけでなく、「先生、中学校と小学校の先生になるのはどちらがいいでしょうか」など、勉強以外の話をする機会も生まれます。そして、「ありがとうございました」「また来ます」と言って帰って行きます。

自分の事務仕事はストップしますが、生徒とのコミュニケーションを深める重要な時間だと思います。

書く力をつける
9つの原則

# 08 「ミスは財産」として活用する

## 書かせっぱなしではミスは減らない

冠詞、語法、前置詞などは、生徒がよくミスをする項目です。go to there やI don't like ～, too.などもよくあるミスです。これらのミスをどう生かせばいいでしょうか。

## 共通のミスは「宝探しクイズ」でフィードバック

- 採点や添削をしつつ生徒に共通するミスをメモをする
- 間違い探しワークシートを作成する（右頁参照）
- 「間違い（＝宝）探しクイズ」をする（個人思考→ペア→全体共有）
- 過去のワークシートを蓄積し帯学習でミス修正を継続する
- 日本人学習者がおかしやすい間違いをまとめたDavid Barker, *An A - Z of Common English Errors for Japanese Learners*（BTB Press, 2010）という本も参考になります。

## 誤り対応3原則とは？

私が「誤り対応３原則」と呼ぶものがあります（阿野幸一先生より）。
①間違いは習得へのステップである（誤りに気づき、修正して向上）
②複数の生徒に共通の誤りerrorがあれば、全体で共有して修正する
③「知識はあるがおかしてしまう間違いmistakeは、気にしすぎない（使いながら精度を高めていく）
この３つの対応を覚えておくと、一貫性のある対応ができます。

## 2-3　宝探しクイズ

# 宝探しクイズ（●年●学期の英作文）

次の英文は，皆さんがテストで書いたものです。各英文には修正したい点（＝ミス）が含まれています。修正点は宝です。改善すると正しい文を書く力がアップするからです。さあ，見付けられるでしょうか。
語法・文法上，修正したほうがいい部分に下線を引き，その下に正しい表現を書きましょう。

（1）When I was 10 years old, I went to my grandmother's house by trains.

（2）I played this song with guitar.

（3）It is the live of the school festival.

（4）I always listen to this song and it makes me encourage.

（5）It was adventurous for me, but I really enjoyed.

（6）I want to bring knife and tent.

（7）The song makes me exciting.

（8）I went to Kyoto with my friends in the winter vacation.

（9）I have many her CDs.

（10）I had training as a ship carpentry.

お宝

／10

# 09 「レベルアップイメージ」を持つ

## 生徒のレベルアップイメージを持つ

ライティング力をつけるには、レベルアップイメージを生徒と共有することが大切です。

言語使用者のレベルを６段階に分けたCEFR（セファール：「ヨーロッパ言語共通参照枠」）で「書くこと」のレベルを見てみましょう。

「基礎段階の言語使用者」がＡ１、Ａ２、「自立した言語使用者」がＢ１、Ｂ２、「熟達した言語使用者」がＣ１、Ｃ２です。

英検で言うと、Ｂ２が準１級、Ｂ１が２級程度です。日本の中高生の多くはＢ２が上限（５％ほど）で、それを基につくられたのが右の表です（ネイティブレベルのＣ１とＣ２は省略）。

ちなみにヨーロッパの中高ではＢ２レベル（留学先で学べる）を目指して指導していると言われています（投野由紀夫先生の講演より）。

## レベルを知ると具体的なフィードバックができる

みなさんのクラスの生徒は右の表でどのレベルでしょうか。レベルを知っておくと、クラス全体のみならず、個々の生徒に書かせたりフィードバックしたりするのを計画する際の参考になります。「いまはＢ１だから次はＢ２を目指そう」などと声がけをすると効果的です。

ちなみに「平成２９年度英語力調査結果」では、中学３年生の「書くこと」のＡ１上位レベル以上の割合は４６．８％で、高校３年生は１９．７％とされています。さらに、中高ともに「無得点者の割合が１０％以上」いて、無得点の生徒が一定数いることがわかります。

**（別紙）**

# CEFR / CEFR-J をもとにした本調査の測定範囲

調査結果について

本調査結果では、英語力の指標としてCEFRおよびCEFR-Jを用いた。CEFR-Jは、CEFRに準拠して基礎レベルをより詳細に枝分かれさせた日本人英語学習者向けの参照枠でCEFRの「A1」は、CEFR-Jでは「A1.1」「A1.2」「A1.3」に分割される。本調査のCEFR閾値は、「Pre A1」「A1.1」を「A1下位」、「A1.2」「A1.3」を「A1上位」とした。
各レベルが表す英語力の目安は以下表の通りである。

| CEFRレベル | | Reading | Listening | Writing | Speaking（表現） | Speaking（やりとり） | 測定範囲 高校 | 測定範囲 中学 |
|---|---|---|---|---|---|---|---|---|
| B2 | | 筆者の姿勢や視点が出ている現代の問題についての記事や報告が読める。現代文学の散文は読める。 | 長い会話や講義を理解することができる。また、もし話題がある程度身近な範囲であれば、議論の流れが複雑であっても理解できる。たいていのテレビのニュースや時事問題の番組も分かる。標準語の映画なら、大部分は理解できる。 | 興味関心のある分野内なら、幅広くいろいろな話題について、明瞭で詳細な説明文を書くことができる。エッセイやレポートで情報を伝え、一定の視点に対する支持や反対の理由を書くことができる。手紙の中で、事件や体験について自分にとっての意義を中心に書くことができる。 | 自分の興味関心のある分野に関連する限り、幅広い話題について、明瞭で詳細な説明をすることができる。時事問題について、いろいろな可能性の長所、短所を示して自己の見方を説明できる。 | 流暢に自然に会話をすることができ、母語話者と普通にやり取りができる。身近なコンテクストの議論に積極的に参加し、自分の意見を説明し、弁明できる。 | | |
| B1 | | 非常によく使われる日常言語や、自分の仕事関連の言葉で書かれたテクストなら理解できる。起こったこと、感情、希望が表現されている私信を理解できる。 | 仕事、学校、娯楽で普段出会うような身近な話題について、明瞭で標準的な話し方の会話なら要点を理解することができる。話し方が比較的ゆっくり、はっきりとしているなら、時事問題や、個人的もしくは仕事上の話題についても、ラジオやテレビ番組の要点を理解することができる。 | 身近で個人的に関心のある話題について、つながりのあるテクストを書くことができる。私信で経験や印象を書くことができる。 | 簡単な方法で語句をつないで、自分の経験や出来事、夢や希望、野心を語ることができる。意見や計画に対する理由や説明を簡潔に示すことができる。物語を語ったり、本や映画のあらすじを話し、またそれに対する感想・考えを表現できる。 | 当該言語圏の旅行中に最も起こりやすいたいていの状況に対処することができる。例えば、家族や趣味、仕事、旅行、最近の出来事など、日常生活に直接関係のあることや個人的な関心事について、準備なしで会話に入ることができる。 | | |
| A2 | A2.2 | 簡単な英語で表現されていれば、旅行ガイドブック、レシピなど実用的・具体的で内容が予想できるものから必要な情報を探すことができる。 | スポーツ・料理などの一連の行動を、ゆっくりはっきりと指示されれば、指示通りに行動することができる。 | 身の回りの出来事や趣味、場所、仕事などについて、個人的経験や自分に直接必要のある領域での事柄であれば、簡単な描写ができる。 | 写真や絵、地図などの視覚的補助を利用しながら、一連の簡単な語句や文を使って、自分の毎日の生活に直接関連のあるトピック（自分のこと、学校のこと、地域のことなど）について、短いスピーチをすることができる。 | 簡単な英語で、意見や気持ちをやりとりしたり、賛成や反対などの自分の意見を伝えたり、物や人を較べたりすることができる。 | | |
| | A2.1 | 簡単な語を用いて書かれた人物描写、場所の説明、日常生活や文化の紹介などの、説明文を理解することができる。 | ゆっくりはっきりと放送されれば、公共の乗り物や駅や空港の短い簡潔なアナウンスを理解することができる。 | 日常的・個人的な内容であれば、招待状、私的な手紙、メモ、メッセージなどを簡単な英語で書くことができる。 | 一連の簡単な語句や文を使って、自分の趣味や特技に触れながら自己紹介をすることができる。 | 順序を表す表現であるfirst, then, nextなどのつなぎ言葉や「右に曲がって」や「まっすぐ行って」などの基本的な表現を使って，単純な道案内をすることができる。 | | |
| A1 上位 | A1.3 | 簡単な語を用いて書かれた、スポーツ・音楽・旅行など個人的な興味のあるトピックに関する文章を、イラストや写真も参考にしながら理解することができる。 | ゆっくりはっきりと話されれば、自分自身や自分の家族・学校・地域などの身の回りの事柄に関連した句や表現を理解することができる。 | 自分の経験について、辞書を用いて、短い文章を書くことができる。 | 前もって発話することを用意した上で、限られた身近なトピックについて、簡単な語や基礎的な句を限られた構文に用い、複数の文で意見を言うことができる。 | 趣味、部活動などのなじみのあるトピックに関して、はっきりと話されれば、簡単な質疑応答をすることができる。 | | |
| | A1.2 | 簡単なポスターや招待状等の日常生活で使われる非常に短い簡単な文章を読み、理解することができる。 | 趣味やスポーツ、部活動などの身近なトピックに関する短い話を、ゆっくりはっきりと話されれば、理解することができる。 | 簡単な語や基礎的な表現を用いて、身近なこと（好き嫌い、家族、学校生活など）について短い文章を書くことができる。 | 前もって発話することを用意した上で、限られた身近なトピックについて、簡単な語や基礎的な句を限られた構文を用い、簡単な意見を言うことができる。 | 基本的な語や言い回しを使って日常のやりとり(何ができるかできないかや色についてのやりとりなど)．において単純に応答することができる。 | | |
| A1 下位 | A1.1 | 「駐車禁止」、「飲食禁止」等の日常生活で使われる非常に短い簡単な指示を読み、理解することができる。 | 当人に向かって、ゆっくりはっきりと話されれば、「立て」「座れ」「止まれ」といった短い簡単な指示を理解することができる。 | 住所・氏名・職業などの項目がある表を埋めることができる。 | 基礎的な語句、定型表現を用いて、限られた個人情報（家族や趣味など）を伝えることができる。 | なじみのある定型表現を使って、時間・日にち・場所について質問したり、質問に答えたりすることができる。 | | |
| | Pre.A1 | 口頭活動で既に慣れ親しんだ絵本の中の単語を見つけることができる。 | ゆっくりはっきりと話されれば、日常の身近な単語をを聞き取ることができる。 | アルファベットの大文字・小文字、単語のつづりをブロック体で書くことができる。 | 簡単な語や基礎的な句を用いて、自分についてのごく限られた情報（名前、年齢など）を伝えることができる。 | 基礎的な語句を使って、「助けて！」や「～が欲しい」などのイブンの要求を伝えることができる。また、必要があれば、欲しいものを指さししながら自分の意思を伝えることができる。 | | |

（出典）『CAN-DOリスト作成・活用　英語到達度指標CEFR-Jガイドブック』(2013)、投野由紀夫（編）、大修館書店
（出典）Council of Europe（2008）『外国語の学習、教授、評価のためのヨーロッパ共通参照枠』、吉島茂、大橋理枝（訳、編）、朝日出版社
※上記出典をもとに、「B2」「B1」は「CEFR」、「A2」「A1」は「CEFR-J」のCAN-DO文言をもとに作成

37

出典：「平成２９年度英語教育改善のための英語力調査　事業報告」（文部科学省）

# 第3章

# ライティングプロセス<br>３段階

# 01 ライティングの「プロセス」を教える

## ライティングには３タイプの指導がある

ライティング指導には、次のようなタイプがあります（米山、2011）。

①product approach（構成などの規則に基づいた課題を課し、結果を重視する）

②process approach（途中段階の過程を重視し、技術の向上を目指す）

③genre-based approach（将来必要になる実践的な課題に取り組む）

以下、②の「ライティングの過程を取り入れた指導」について詳しく見てみましょう。

## 文章を上手に書ける人とそうでない人の差は？

英語の文章を上手に書ける人とそうでない人の差をもたらす要因は、何でしょうか。

「アイデアを出し、構想を練ってメモ書きし草稿を書き、読み直して修正をし、必要に応じて大幅な書き直しを行い、推敲を重ねて完成原稿を作る」というプロセスを踏むかどうか、である（佐野、2007年）。

そもそもライティングとは「伝えたいことを文字で伝えること」だと考えると、伝える前の「準備段階」が大切であり、「推敲を重ねることで次第に整った形になる」という、指導過程が大切だとわかります。

## 書くプロセスを指導に取り入れる

では、書く（創作する）という行為はどのようなプロセスをたどるのでしょうか。一般的な流れをまとめてみます。

| ①トピックを決める | 書くトピックを決定する。授業では決まっていることも多い。 |
|---|---|

| ②順序づける | 相手や目的、状況、自分の知識、経験に基づいて内容を書き出し、その後順序を決める。 |
|---|---|

| ③最初の下書きをする | 自分の決めた順序に基づいていったん下書きをしてみる。 |
|---|---|

| ④内容を編集する | ほかの人の支援（教員、生徒同士）等を得て、読者の視点で内容をよりよくする。 |
|---|---|

| ⑤校正する | 言葉づかいや文法・語法の誤りなどを修正してより読者が読みやすい形にする。 |
|---|---|

| ⑥完成 | 完成後は作品を互いに閲覧する。発表する。コメントを伝え合う。 |
|---|---|

ちなみに、書くプロセスは人によって多様です。そのため、書くプロセスを指導上は重視しつつも、生徒個々にとって効果的なプロセスを見つけてもらうきっかけになる指導をする、という意識も大切だと思います。

# 02 書く前（pre-writing）の活動

## ３段階の「書く活動」

先の頁（p.45）で見たように、伝えたいことを正しく書くには、複数のプロセスにわたります。考え方によって名称などは異なりますが、「書く前」、「実際に書くとき」、「書いた後」の３段階があります。

そこで、この３段階別に生徒にどのような支援ができるのかを具体的に見ていきたいと思います。まず「書く前」の支援です。書く前には、まず生徒が書き出したくなるようなきっかけづくりが大切です。

## 書く前にできる支援

書くテーマが決まっても、書くことが思い浮かばず、鉛筆が動かない生徒も多いでしょう。そうしたときは、次のような支援ができます。いろいろな方法を提示して、生徒が最適な方法にたどり着けるように支援します。

### （1）アイデア出し

アイデアを出すには、次のような方法があります。

- ブレインストーミング（一人、ペア、グループでのアイデア出し）
  テーマに関連するキーワードを多く書き出す（リスティング活動）。
- モデルの提示
  使えそうな表現を含む文章例をいくつか示してそれをヒントにする。
- 書く内容の相談
  ペアやグループ、または教師とどんな内容で書けるか相談する。

• マッピング

書きたいことや書けそうなことをマッピングする（下図参照）。

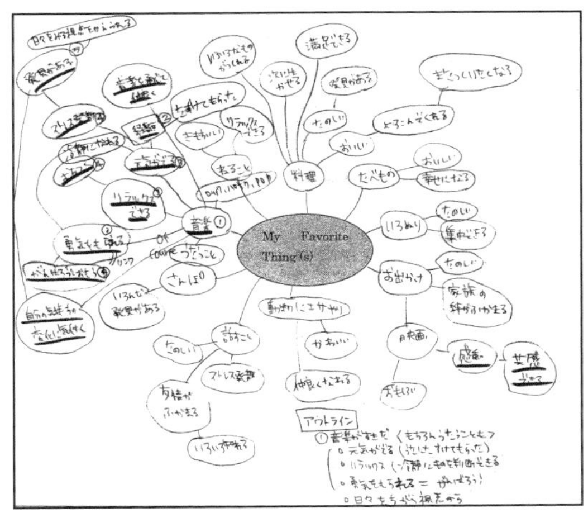


• 単語リストを書き出す（一人、ペア、クラス全体）

個人で書きたい単語を書き出すか、クラス全体で同じテーマで書く場合は、次のようにゲーム性を持たせることもできる。

①テーマに関連する英単語をノートなどに書き出す

②クラス全体に報告する（教師はそれを板書する）

③生徒は板書された単語を参考に英文を書く

• ギャラリーウォーク

ほかの人が書いている作品を見に行き、テーマや内容のヒントを得る。

### (2) アイデアの選択と順序づけ（ナンバリング）

マッピングなどの活動を通して、書くことがたくさん思い浮かんだら、書く目的や状況に応じて使えそうな情報を取捨選択し、分類分け（グルーピング）したり、順序づけ（ナンバリング）をしたりします。

上記マッピングの例の図では自分が使いたい情報に太線や数字で印をつけています。

# 03 実際に書く（while writing）活動

## 実際に書く段階でできる支援

実際に書き出した生徒に対しても、次のような支援ができます。書き出した生徒には、意欲を持続させるための教師のフォローが大切です。

### （1）辞書がすぐ使える環境にする

実際に書く際に、辞書（英和・和英の両方）は生徒の大きな助けとなりますが、各自に和英・英和の辞書（紙or電子辞書）を持参させる以外にも次のような準備の方法があります。

- 英語教室で授業ができるなら、生徒の机の中に1冊ずつ入れておく
- 教室の学級文庫に辞書を入れておく（班の数の冊数を用意する）

### （2）下書きを促す

アイデアは、書きながら生まれることも多いので、それを生徒に伝え、「最初はミスを気にしないで下書きだと思って書いてみよう。校正は後でしよう」と促し、マッピング（p.47参照）などに基づき書かせてみます。

### （3）シェアリングタイム（中間発表ツアー）

シェアリングタイムとは、お互いが書いたものを見合う（読み合う）時間です。実際に書き始めても、内容や書き方で迷う生徒もいます。また、長時間書く作業に飽きて集中力をなくしてしまう生徒もいるかもしれません。そんなときには書く以外の活動で変化をつけ、授業にメリハリを出します。

• ペア・グループで書いたものを互いに読み合う、音読し合う
• 各自が作品を机上に置いておき、見て回る（ギャラリーウォーク）
• クラス全体の前で数人に発表してもらう

この活動のポイントは、以下の通りです。
• 先に「○時○分から中間発表ツアー。人に読んでもらう機会をあとで設けます」とアウトプットの場面を予告しておくと、やる気がアップする
• 他者からいろいろなよい点を学ぶ、書き方や内容のヒントを得る（字がきれい、内容がいい、絵がうまい、文法ミスがないなど）
• 人の作品を見て、「学んだこと」、「まねしたいこと」、「もっと知りたいこと」を聞き合ったり、話し合ったりして具体的な改善に生かす

ちなみに、シェアリングタイムをうまく機能させたい場合は、安心・安全な教室空間づくりが大切です。人の作品をバカにする人がいる雰囲気だと、お互いに作品を見せ合う気にはなれません。

以下は、教室を安心できる空間にするためのルールの例です。最初に生徒と共有しておきましょう。
• 作品を批判しない
• 作品を絶賛する（絶賛タイム）
• 人まねOK（全部のコピペでは力がつかないので×、部分的にはOK）
• ちょっと変えて取り入れる（自分化）

### （4）評価基準（ルーブリック）を示す

これは、ルーブリックで評価の観点やその基準（と規準）を先に示しておこうというものです。評価で重視されるものがわかったうえで取り組むほうが質も内容も高まりやすくなります。

基準（と規準）は、たとえば、「語数」は８０語以上でA、「構成」はトピックセンテンスと理由と例があればA、「正確さ」はミスが２つまではAなど、ルーブリック形式で示しておきます（ルーブリックの例はp.165参照）。

# 04 書いた後（post-writing）の活動

## 書いた後にできる支援

いったん下書きが完成したら、よりよい書き手を目指して書き直しや発表を経験してもらい、そこで支援します。これを行うことで英文の完成度や充実度がアップします。

### (1) 英文を書き直す

英文を書き直すには、全体的な修正（revising）と、1文レベルの校正（editing）があります。ここでは、ラルフ・フレッチャー、ジョアン・ポータルピ『ライティング・ワークショップ』（新評論、2007）を参考に、作文を書いた後にできることを考えてみます。作文を磨くための全体的な修正（revising）には、次のような方法があります。

- 書き出しを変える（セリフから始めてみるなど）
- 具体例をさらに膨らませる（または削除して別のものにする）
- ある部分に焦点を当てて書く

自分の作文の音読や内容の要約をしてもらうと、不十分な点に生徒自ら気づきやすくなり、改善することができます。

続いて、英文の表面的な間違い（単語、文法、句読法など）を直す校正（editing）を見てみましょう。生徒が自分で書いたものを自分で校正する力を持つことは、より良い書き手の育成を意味するので、生徒が校正に関わる場面をつくりたいものです。

たとえば次のような支援策があります。

- 生徒が自分で校正できるような項目は絞ったチェックリストをつくる

（校正チェックリストの例）　＊生徒の学習段階に応じる

□文頭は大文字で始まり、文末にはピリオドがついているか
□主語と動詞は一致しているか（３単元、時制）
□トピックセンテンスはあるか（下線を引く）
□トピックセンテンスを支えるサポーティングセンテンスはあるか
□自信のない単語のつづりは辞書で調べたか

こうしたリストは、次のように実行するとよいでしょう。

- 読み直し１回につきリスト１項目に☑する（１回ですべてをしない）
- 最初はスクリーンに投影してリストごとに修正するやり方を見せる
- 生徒同士で修正する場合は、鉛筆で書かせる（安心して書ける）
- 最終添削は教師が行う（生徒が見つけられなかったミスを発見）

教師が最終添削の前に、「とくに見てほしいところ、心配なところに波線を１つか２つ引いてください」と生徒に言っておくとよいでしょう。

### （２）作品をほかの人の前で発表する

以下は書いた作品をほかの人と共有する方法です。

- ペアやクラス全体で発表する
- クラスで作品集にまとめたり、学校内外の掲示板に展示をしたりする
- ほかのクラスやALTに対して発表をする
- インターネット上で発表する（個人情報や否定的な内容には注意する）

なお、書いたものをほかの人と共有することを、先に伝えておきます。また、センシティブな話題（「自分の失敗談」など）では、「ほかの人と共有しないので、好きなことを自由に書いてください」と言っておくと、生徒は安心して書くことができます。人と共有しない権利も尊重します。

ペアで互いにコメントするには次の型も有用です（小林、2018に筆者加筆）。

- When I read your story, I felt (　　) because (　　).
- I want to know more about (　　).
- I'm interested in (　　).
- I learned (　　).

# 第４章

# つまずき３段階別
# 指導法16

# 01 書くことに困難を感じる生徒への手だて

## 生徒はどこでつまずくのか？

第４章では、生徒が書くうえでつまずきやすい段階別の対策を考えてみましょう。ライティングには「１文単位」(単文）と「文章（談話)」（２文以上で意味をなすもの）レベルの作文があります（望月、2015)。さらに文字と単語を補うと次の４段階に分けられます。

① 文字レベル
② 単語レベル
③ １文レベル
④ 文章レベル（談話レベル)

このうち、本書では中高段階で主に扱う②～④の対策を考えます。

各段階では、次のように重点を置くとよいようです（望月、2015)。

１～２文レベル → とくに「正確さ」を重視
４～６文の日記 → まずは「正確さ」、次第に「流暢さ」を重視
談話レベルのエッセイ → まずは「流暢さ」、次第に「正確さ」を重視

## 英語の読み書きは日本語以上に難しい

英語は、読み書きの習得が難しく、学習につまずきやすい言語だとされています（丹治、2018)。英語は音声とつづりの対応が不規則な語が多く、１つの文字が複数の発音に対応するからです。

そこで、上記①～④の対策の前にまず、より基本的な「英語の読み書きの困難さ」を抱える生徒への支援策を考えておきましょう（右頁参照)。

## 4-1 気になる生徒の支援

### 気になる生徒の支援につなげるチェックリスト（「書くこと」）

（1）「書くこと」における気になる状況のチェック

同年代の生徒に比べて継続して，頻度や傾向が著しい項目について☑してください。

| | | |
|---|---|---|
| 1 | 読みにくい字を書く（字の形や大きさが整っていない又はまっすぐに書けない）。 | |
| 2 | 独特の筆順で書く。 | |
| 3 | 漢字の細かい部分を書き間違える。 | |
| 4 | 句読点が抜けたり，打ち間違えたりする。 | |
| 5 | 限られた量の作文や，決まったパターンの文章しか書けない。 | |

（2）手立て

手立てを1つ選んでください。クラスの雰囲気，生徒の良さや得意なことを総合的に勘案し，1～2週間で検証できそうな手立てを選ぶとよいでしょう。

| | |
|---|---|
| 目標・振り返り等 | □①簡潔明瞭なめあてにする。<br>□②枠囲みするなど分かりやすく示す。<br>□③めあてに対応したまとめを行う。 |
| 授業の構成<br>学習形態等 | □④視写する時間を十分に確保する。<br>□⑤書くときの手がかりを用意する。 |
| 指示の仕方等 | □⑥文章を書くときは言語化させて書かせる。<br>□⑦質問や相談の仕方を繰り返し説明する。 |
| 教材・教具 | □⑧タブレット型端末等を使って，書字の負担を軽減する。 |
| 板書・<br>ノート指導 | □⑨書く分量を調整する。<br>□⑩そのまま書き写せば，分かりやすいノートになるような書式にする。<br>□⑪磁石付き表示等を活用する。<br>□⑫書く時間を十分に確保する。 |
| 定期考査等 | □⑬解答欄を大きくしたり，位置をそろえたりする。 |
| 学習環境<br>人間関係づくり | □⑭座席に配慮する。<br>（集中しやすい環境，生徒の良さを認め合う雰囲気など） |

（出所）広島県教育委員会『気になる生徒の支援につなげるチェックリスト　―個別の指導計画作成ファーストステップ―』（平成30年4月）より「書くこと」に関する部分を中心に抜粋

単語が書けない
生徒への対応

# 02 単語の「つづり」が書けない生徒は？

## 「つづり読み」だけで覚えている生徒もいる？

まずは単語を書けない生徒の支援策からです。

単語が覚えられなくて困っている生徒の中には、そもそも単語を読めていない生徒もいます。たとえば、familyという単語が小テストで書けなかった生徒に補習をして覚えてくるよう伝えると、「５分もらえたら書けます」と言われたことがあります。

「なぜ１語で５分もかかるのだろう？」と思って彼が覚えている様子を観察していると、「f（エフ）・a（エイ）・m（エム）・i（アイ）・l（エル）・y（ワイ）」と１文字ずつ「つづり」を唱えながら覚えていたのです。

英語が苦手な生徒の中には、このように「発音」でなく、「つづり」だけで覚えようとしている人がいます（例：De・cem・berではなく、ディー・イー・スィー…と覚える）。これだけだとどうしても限界があり、多くの単語は覚えにくいのです。さらに、覚えたとしても忘れやすくなります。

つづりだとDecemberは８つの文字のかたまりですが、「De・cem・ber」と発音（音節）で覚えてしまうと、覚えるかたまりは３つで済みます。（ただし大井恭子先生によると、アメリカの小中学校ではSpelling Bee Contestが盛んで、その場合、単語はつづり読みをするそうです。このように、つづり読みがいつも悪いわけではありません。）

上記のような生徒には、次の「音のかたまりごと」の練習が効果的です。

### ①発音できるようにする

まず、familyという単語を見て「ファミリー」と英語で読めるように一緒に練習します。読めない単語は数多く覚えることはできません。

**②ローマ字でつまずいていないか確認する**

先ほどの生徒に、「ファ」と教師が言ってみても、faと書けません。つまり、ファという「音」をfaという「文字」にできないということです。そのため、フォニックス（発音と文字の関係性の学習）で一対一対応を学ぶようにします（f＋a＝fa）。

**③単語の音をかたまりに分けて文字にしてみる**

「ファ／ミ／リーだから、最初は『ファ』だから『fa』、次は『ミ』だから『mi』、最後の『リー』は『ly』と書くんだよ」、と生徒に説明します。このように１つの単語を音のかたまりごとに分けて発音しながら文字を書くと、少しずつわかってくるようです。フォニックスレベルの簡単な「音の足し算」の指導は大切です。

この指導を、Decemberという単語でもやってみました。まず「発音」できるように、次に「分けて発音しながら書く」ことを指示します。De・cem・berと言いながら、音のかたまりにすると、だんだん書けるようになりました。

**④つづりを完璧に覚える**

さらにつづりを完璧に覚えるには、「オーバーラッピング単語暗記法」（筆者命名）が効果的です。たとえば単語を１０個覚えるのには、いきなりすべてというのは覚えにくいでしょう。そのため、１つ単語を新しく覚えるたびに、それまで覚えたすべての単語が書けるかどうかを確認しながら進むとよいです。たとえば、次のようにします。

①その単語を１つ覚える……cat
②１つ目の単語を書いて２つ目を覚える……cat, dog
③１～２つ目の単語を書いて３つ目を覚える……cat, dog, bird

１つずつ復習しながら覚える単語を増やすと、忘れにくいのです。

さらに具体的な単語練習は次項の方法です。

単語が書けない
生徒への対応

# 03 「単語練習」はいろいろな手だてを示す

## 単語練習のやり方

単語のつづりを正確に覚えるには、いくつも方法があります。人によって覚えやすい方法は異なるので、各種提示するとよいでしょう。

- ノートに書いて覚える
- 指でつづりを書けるようになってから文字を書いてみる
- 語源や規則の知識を使って覚える（unfairのunは「反対」）
- 音とセットで発音しながら覚える（congratulationsのrとl）
- こじつけで覚える（baseballを「バセバイレブン」）
- 理由をつけて覚える（dessertのs２つ＝デザートは多いほうがいい）
- パソコンやアプリを使ってゲーム的要素で覚える
- 自分でテストして間違えたものだけを覚える

## 書いて覚えるときは「自己テスト」をする

書いて覚える際に生徒に教えたいことは、単語練習後の「自己テスト」です。次のようにすると、練習後の自己単語テストが簡単にできます。

1．ノートに縦線を２本引く（右頁参照）
2．一番左側の欄は「日本語（の意味）欄」で日本語の意味を書く
3．一番右側の欄は「英単語練習欄」で、発音しながら単語練習をする
4．真ん中は「テスト欄」（上下）で、自己テストをする
5．自己テストで間違えた単語はテスト欄（下）でさらに練習して覚える

## 4-2　単語練習プリント

**単語練習プリント**

Class（　－　）No.（　　）Name（　　　　　　　　　　　）　【　　】枚目

（1）以下に単語練習をする。（自分が知らない単語だけを練習する。）
（2）筆記練習は，下の①→③→②の順番で行う。（日本語訳→英語練習→自己テスト）
　＊③の「テスト欄」は○つけも行う。間違えたら，③テスト欄の２段目で書き直して覚え直す。

| ①日本語欄 | ③テスト欄 | ②英単語練習欄 |
|---|---|---|
| | | |
| | | |
| | | |
| | | |
| | | |
| | | |
| | | |
| | | |
| | | |
| | | |
| | | |
| | | |
| | | |
| | | |
| | | |

単語が書けない生徒への対応

# 04 やる気が出る「単語テスト」の方法

## 効果的な単語テストの方法

英語が苦手な生徒でも「覚えたら書けた！」と手応えを感じる工夫を単語テストでもしたいものです。以下のような方法があります。

①１０問ほどの問題を掲載した単語テストをする（よくある方法）
②解答欄をつくっておき、口頭で問題を伝え、その場で書かせる（省エネ）
③１０問、５問、１問など、自己選択ができる単語テスト（意欲づけ）
④４回練習をして（自己採点）、その後に本番テストをする（全員満点）
⑤単語コンテスト（学年全体で取り組み優秀者や伸びた人の表彰も可）

以下、②と④の例を紹介します。（③は拙著『英語テストづくり＆指導　完全ガイドブック』（明治図書、2014）p.23～34（松本涼一先生担当部分）をご参照ください。）

### 事例１　テスト結果を継続して「見える化」するテスト用紙

②の実践です。単語テストだけではやる気にならない生徒もいますが、右の用紙のように、得点が見える化されると努力する生徒が増えます。「毎回の点数がグラフに出るので、前回よりもがんばろうと思えます！！ずっとこれがいいです」という声もありました。

### 事例２　全員満点を実現する単語テスト（p.62～63参照）

①テスト４回分を１枚の用紙にプリントする（裏面には解答印刷）
②練習テストを行う度に、折り返して裏面の解答を見ながら丸つけする
③４回練習を終えたら、本番テストを行う（全員満点に近くなる）

## 4-3　小テスト＆得点グラフ

**提出用**　小テスト＆得点グラフ　Vol.（　）　**〜継続的に努力して力をつける。昨日の自分よりレベルアップするために〜**

Class（　　－　　）No.（　　　）Name（　　　　　　　　　　）　　1問20点×5問＝100点満点

| | Q1 | Q2 | Q3 | Q4 | Q5 | 得点 | (点) 20　40　60　80　100 |
|---|---|---|---|---|---|---|---|
| 第1回 | | | | | | 採点者　／100 | |
| 第2回 | | | | | | 採点者　／100 | |
| 第3回 | | | | | | 採点者　／100 | |
| 第4回 | | | | | | 採点者　／100 | |
| 第5回 | | | | | | 採点者　／100 | |
| 【復習欄】＊全て埋めて提出する。(毎回テスト後に書けなかった単語の復習をする) | | | | | | 【合計】　／500 | 100　200　300　400 |
| 【振り返り】 | | | | | | | |

※両面印刷すると１０回分使えます。

## 4-4 Super Writing①

# Super Writing（感想・感情表現編）

Name （　　　　　　　　　　）

＊前回の形容詞特集からの続きだよ。
＊これで英会話を続けられるぞ☆
＊４回終わったらテストをしよう☆

Vol.1

1. （それは）面白かった。
2. （それは）楽しかった。
3. （それは）笑えた。
4. （それは）退屈だった。
5. （それは）おいしかった。
6. （それは）そんなに悪く／まずくはなかった。
7. （それは）最悪だった。
8. 私は腹が立った。
9. 私は悲しかった。
10. 私はがっかりした。
11. 私はショックだった。
12. 私は恥ずかしかった。
13. 私は緊張した。

| Date | |
|---|---|
| Score | ／13 |

Vol. 2

1. （それは）面白かった。
2. （それは）楽しかった。
3. （それは）笑えた。
4. （それは） 退屈だった。
5. （それは）おいしかった。
6. （それは）そんなに悪く／まずくはなかった。
7. （それは）最悪だった。
8. 私は腹が立った。
9. 私は悲しかった。
10. 私はがっかりした。
11. 私はショックだった。
12. 私は恥ずかしかった。
13. 私は緊張した。

| Date | |
|---|---|
| Score | ／13 |

Vol. 3

1. （それは）面白かった。
2. （それは）楽しかった。
3. （それは）笑えた。
4. （それは）退屈だった。
5. （それは）おいしかった。
6. （それは）そんなに悪く／まずくはなかった。
7. （それは） 最悪だった。
8. 私は腹が立った。
9. 私は悲しかった。
10. 私はがっかりした。
11. 私はショックだった。
12. 私は恥ずかしかった。
13. 私は緊張した。

| Date | |
|---|---|
| Score | ／13 |

Vol. 4

1. （それは）面白かった。
2. （それは）楽しかった。
3. （それは）笑えた。
4. （それは）退屈だった。
5. （それは）おいしかった。
6. （それは）そんなに悪く／まずくはなかった。
7. （それは）最悪だった。
8. 私は腹が立った。
9. 私は悲しかった。
10. 私はがっかりした。
11. 私はショックだった。
12. 私は恥ずかしかった。
13. 私は緊張した。

| Date | |
|---|---|
| Score | ／13 |

※表面（問題を４回分印刷）

# 4-5 Super Writing②

（解答）

1. （それは）面白かった。
It was interesting.
2. （それは）楽しかった。
It was fun.
3. （それは）笑えた。
It was funny.
4. （それは）退屈だった。
It was boring.
5. （それは）おいしかった。
It was [ delicious / good ].
6. （それは）そんなに悪く／まずくはなかった。
It wasn't so bad.
7. （それは）最悪だった。
It was terrible.
8. 私は腹が立った。
I was angry.
9. 私は悲しかった。
I was sad.
10. 私はがっかりした。
I was disappointed.
11. 私はショックだった。
I was shocked
12. 私は恥ずかしかった。
I was embarrassed.
13. 私は緊張した。
I was nervous.

（解答）

1. （それは）面白かった。
It was interesting.
2. （それは）楽しかった。
It was fun.
3. （それは）笑えた。
It was funny.
4. （それは）退屈だった。
It was boring.
5. （それは）おいしかった。
It was [ delicious / good ].
6. （それは）そんなに悪く／まずくはなかった。
It wasn't so bad.
7. （それは）最悪だった。
It was terrible.
8. 私は腹が立った。
I was angry.
9. 私は悲しかった。
I was sad.
10. 私はがっかりした。
I was disappointed.
11. 私はショックだった。
I was shocked
12. 私は恥ずかしかった。
I was embarrassed.
13. 私は緊張した。
I was nervous.

※裏面（解答を左右に印刷、表面を折ると解答が見える仕組み）

単語が書けない生徒への対応

# 05 「発想ゲーム」で楽しく語彙力アップ

## 発想ゲームとは？

発想ゲームとは、語彙力を楽しく伸ばすことができる活動です。「あるテーマに関する単語を３０秒以内にどれだけ多く書けるか」を競います。１回あたり約５分で行えます。

## 発想ゲームの手順

①教師（または生徒）がToday's topicを言う
　例）Today's topic is sports.（ほかにも、vegetables, famous places in Japan, things in the classroomなど）
②生徒は、トピックに関する単語を３０秒以内にノートや紙に書き出す
　例）トピックがthings in the classroomの場合
　➡単語はdesk, blackboard, broom, dustpan, chalkなど
③３０秒後に活動を止めて、何語書けたかペアで尋ね合う
④全体で単語を出し合う（教師はそれを板書をする）
　（全員起立させ、発言した生徒から着席にすると授業が活性化する）
⑤自分が書いていなかった単語が④で出たら赤字でノートに追記をする
　（赤字が増えるのを子どもがネガティブに感じないよう、追記こそが語彙力のアップになると伝える）

## なぜこの発想ゲームが効果的なのか

理由①　「言えても書けない単語が多くある」ことに気づけるから

たとえば、「ほうき」はbloomかbroomか、「ちりとり」はdust panかdustpanかなど。または、日常的なものなのに英語の表現がわからないものがあることにも気づく。

例）蛍光灯→fluorescent light

自分が書けなかった単語が出されると、「なるほど～」「そうか～」と声があがる→課題意識が生じた後に供給されると吸収が早い。

例）壁時計→clock、カバン→bag、磁石→magnet

辞書が身近にあれば、言いたかったものを調べて辞書に親しめる。

３０秒間で書ける単語の数は、多い生徒で１３～１６個ほどです。

毎回クラスの最高数を記録しておく。ゲーム前後に、ほかのクラスの最高語数を伝えると、生徒は負けまいと燃える。「発想ゲーム記録一覧表」に、書けた個数を記録していくのも盛りあがる。

理由②　表現活動（スピーキング、ライティング）の準備になるから

たとえば、「修学旅行」というトピックでスピーキングやライティングをする前に、このゲームを行うと、関連する単語を多く連想できる。

理由③　家庭学習を促すことができるから

同じトピックを連続して出題したり、事前に次のテーマを予告したりしておくと、家庭学習で準備をしてくる生徒も出る（たとえば、「スポーツ」に関する単語を和英辞書で単語を調べるなど）。こうした生徒は、授業内の活動で書ける語数が増える。

このような競争ゲームのバリエーションに、「指定文字で始まる単語を多く書くゲーム」があります（小林、2002）。授業の最後３分間などにその文字で始まる単語をできるだけ多く書きます。書き終えたら、各自が書けた単語数と文字の総数を数えて全体と共有します。「今日はａ、次回はｂで始まる単語」とくれば、「次はｃかな」と思って辞書で調べてくる生徒も出るなど、語彙力増強の動機付けになります。

1文が書けない生徒への対応

# 06 「基本文」や「重要例文」をおさえる

## 1文レベルでつまずく生徒への支援策

ここからは、1文レベルでつまずく生徒への支援策について考えていきましょう。たとえば次のような方法があります。

- 自他のミスや間違えやすい表現から学ぶ（p.38～39参照）
- 例文や基本文を正しく覚える（p.66～67参照）
- ＳＶの後に置ける語句を組み合わせる（p.68～69参照）
- 基本文や表現を一部変える（p.70～71参照）

## 基本文で「言える＆書ける」の練習を

中学でも高校でも、教科書の基本文や重要例文を「言える＆書ける」状態にすることは、基礎力育成に不可欠です。

右頁のようなシートをつくって、次のような練習をします。

- 家庭学習で練習した成果を授業内でペアで確認する
- 時々小テストをしたり、定期テストにも出題したりして確認をする

学期末や年度末には、それまでに学習した範囲を使ってのコンテスト（検定）がおすすめです。学年全員の基礎力アップにつながります。また「テスト」よりも「コンテスト」や「検定」と呼ぶと楽しく挑戦できます。それを目標に毎日の暗唱や家庭学習をがんばるというサイクルをつくります。

なお、大塚謙二『成功する英語授業！　５０の活動＆お助けプリント』（明治図書、2008）には、中学校の単語や基本文がまとめてあり、中学校の復習として高校の初期段階でも使えます。

# 4-6　中学英語総復習

**中学英語総復習 BOOK（中学1年 No.1／3）**

目標①：下の「日本語」を見て「英語」を言える。（言えたら☑，４回分チェックが可能）
目標②：「英語」欄にある「◆一口解説」を読んで理解する。さらに「Q 練習問題」を言ってみる。
目標③：日本語を見てノートに正しく「書ける」。（最終ゴール！）

| | 文法 | 日本語 | 英語（&練習問題）◆一口解説　Q 練習 | ☑ |
|---|---|---|---|---|
| 1 | I am | 私はケン（自分の名前）です。 | I am Ken.　(I'm　Ken).<br>◆私は○○です。　Q「自分の名前を紹介しよう」 | □□<br>□□ |
| 2 | You are /aren't（否定文） | あなたは先生です。 | You are a teacher.　◆You are ～で「あなたは～です」<br>Q「あなたは生徒です」は？ | □□<br>□□ |
| 3 | | あなたは先生ではありません。（否定文） | You are not a teacher.　◆not は「～でない」（否定）<br>Q「あなたは私の親ではありません」は？ | □□<br>□□ |
| 4 | Are you（疑問文と答え方） | あなたは先生ですか。（疑問文） | Are you a teacher?　◆Are you ～？「あなたは～ですか」<br>Q「あなたは OK ですか？」は？ | □□<br>□□ |
| 5 | | はい，そうです。／いいえ，違います | Yes, I am. /　◆Are you~？に対する答え方①<br>No, I'm not.　◆Are you~？に対する答え方② | □□<br>□□ |
| 6 | This | これがあなたの教科書です。 | This is your textbook.　◆This is～で「これが～です」<br>Q「これは私の猫です」は？ | □□<br>□□ |
| 7 | That | あれは私の家です。 | That is my house.　◆That is～で「あれが～です」<br>Q「あれが彼の自転車です」は？ | □□<br>□□ |
| 8 | Is this/that 疑問文 | これはあなたの自転車ですか。 | Is this your bike?　◆Is this～？で「これは～ですか」<br>Q「これは夢ですか」は？ | □□<br>□□ |
| 9 | He 彼／She 彼女 | 彼は親切です。 | He is kind.　◆He is ～.で「彼は～です」<br>Q「彼はサッカー選手です」は？ | □□<br>□□ |
| 10 | | 彼女は私の友達です。 | She is my friend.　◆She is ～で「彼女は～です」<br>Q「彼女は 13 歳です」は？ | □□<br>□□ |
| 11 | 疑問詞 What 何 | これは何ですか。 | What is this?　◆What is ～？で「～は何ですか」<br>Q「今何時ですか」は？ | □□<br>□□ |
| 12 | | それは「納豆」です。 | It is "natto".　◆What に対して It is～で「それは～です」<br>Q「それは『コタツ』です」は？ | □□<br>□□ |
| 13 | 疑問詞 Who 誰 | あの男の子は誰ですか。 | Who is that boy？　◆Who is～？で「～は誰ですか」<br>Q「あの先生は誰ですか」は？ | □□<br>□□ |
| 14 | | 彼はケンジです。 | He is Kenji.<br>Q「彼女は（女性の）斉藤先生です」は？ | □□<br>□□ |
| 15 | 一般動詞 | 私は野球をします。 | I play baseball.　◆play は一般動詞（動作を表す）<br>Q「私は英語を勉強します」は？ | □□<br>□□ |
| 16 | 一般動詞疑問文 | あなたは日本語を話しますか。 | Do you speak Japanese？<br>Q「あなたは野球をしますか」は？ | □□<br>□□ |
| 17 | 一般動詞答え方 | はい，話します。<br>いいえ，話しません。 | Yes, I do.<br>No, I don't. | □□<br>□□ |
| 18 | 一般動詞否定文 | 私は中国語を話しません。 | I don't speak Chinese.<br>Q「私は野球を見ません」は？ | □□<br>□□ |

| Date | ／ | ／ | ／ | ／ | ／ | 口頭クリア | 筆記クリア |
|---|---|---|---|---|---|---|---|
| Score | | | | | | ／　sign | ／　sign |

Class (　-　) No. (　　) Name (　　　　　　　　)

1文が書けない生徒への対応

# 07 「どどい表現集」でSV+αが書ける

## 「どどい」とは？

英文の基本はＳ（だれが／何が）＋Ｖ（どうした）であり、Ｖの特性によってＶの後のＯが決まります。この段階をクリアすると、「短い英文は書ける」段階に進みます。

「どどい」指導とは、「Ｓ＋Ｖ＋Ｏ」の後ろに、「どどい表現（どのように・どこ・いつ）」をつけることで、ＳＶ＋αが作れるようになる語順指導です。（田尻悟郎『自己表現お助けブック』（教育出版、2009）参照）。「どどい」部分に意外性が出ておもしろくなるので生徒が喜んで取り組み、英作文の力がアップする方法です。

## 「どどい」の手順

①「どどい表現」をまとめたプリントをつくる（右頁参照）

②帯学習で「どどい表現」をインプットする（１分間で数多く言う）

③「どどい表現」を使うと長い英文が作れることを指導する

- まずＳＶＯの文をノートに書かせる

  例）I play baseball.

- ＳＶＯの後ろに「ど」「ど」「い」の順で語句をつける

  例）I play baseball with my friends in the park every Sunday.
  Ｓ Ｖ Ｏ 「ど」のように 「ど」こで 「い」つ

④練習 （例）I play soccer. の後ろにつけて「ありえない文」を作ろう

⑤家庭学習（I play soccer by bike at the station every day. などの英文を作って、「迷惑～」と言って喜びながら取り組む生徒がいました）

# 4-7　どどい表現集

## 長い英文が書けるようになるための「どどい表現集」

今よりもっと長い英文が書けると素敵ですよね。どうすれば長い英文を書けるようになるでしょうか。そのためには次の２つのポイントがあります。

①英語の文は（ほぼ）すべて，「主語」＋「動詞」で始まります。（I play ～，He sings～など）

②「主語」＋「動詞」（＋目的語）の後に，＋αの語句をつけることでより長い文が書けます。

たとえば，I play baseball. という短い文も，その後ろに次のような**「どどい」表現をつけることで，簡単により長い文が書けるようになります。**

I play baseball（ with my friends in the park every Sunday ）.

①「どのように」　②「どこ」　③「いつ」

「私は野球をします」　「友達と」　「公園で」　「毎週日曜」

| | | | |
|---|---|---|---|
| 1 | ど「どのように」(How) の場所で使うことば | | |
| 1 | 一生懸命 | hard | □□□□□□□□□ |
| 2 | うまく，よく，上手に | well | □□□□□□□□□ |
| 3 | 一人で | alone | □□□□□□□□□ |
| 4 | 犬を連れて | with a dog | □□□□□□□□□ |
| 5 | 友達と一緒に | with my friend(s) | □□□□□□□□□ |
| 6 | 箸を使って | with chopsticks | □□□□□□□□□ |
| 7 | 英語で | in English | □□□□□□□□□ |
| 8 | 自転車で（車，バス） | by bike (car, bus) | □□□□□□□□□ |
| 9 | 歩いて | on foot | □□□□□□□□□ |
| 2 | ど「どこ」(Where) の場所で使うことば | | |
| 10 | ここへ（で，に） | here | □□□□□□□□□ |
| 11 | そこへ（で，に） | there | □□□□□□□□□ |
| 12 | 家で | at home | □□□□□□□□□ |
| 13 | 駅で | at the station | □□□□□□□□□ |
| 14 | 公園で | in the park | □□□□□□□□□ |
| 15 | 日本に（で） | in Japan | □□□□□□□□□ |
| 16 | 海外で | abroad | □□□□□□□□□ |
| 17 | 私の家の近くで | near my house | □□□□□□□□□ |
| 18 | 私の前で | before me | □□□□□□□□□ |
| 19 | 窓のそばで | by the window | □□□□□□□□□ |
| 3 | い「いつ」(When) の場所で使うことば | | |
| 20 | 毎日（週，月，年） | every day (week, month, year) | □□□□□□□□□ |
| 21 | 毎週日曜日 | every Sunday | □□□□□□□□□ |
| 22 | 放課後 | after school | □□□□□□□□□ |
| 23 | 週末（に） | on weekends (on the weekend) | □□□□□□□□□ |
| 24 | 平日に | on weekdays | □□□□□□□□□ |
| 25 | 朝食前に | before breakfast | □□□□□□□□□ |
| 26 | 夕食後に | after dinner | □□□□□□□□□ |
| 27 | 7時に | at seven | □□□□□□□□□ |
| 28 | 日曜日に | on Sunday | □□□□□□□□□ |
| 29 | 朝に（昼） | in the morning (afternoon) | □□□□□□□□□ |
| 30 | 4時から6時に | from four to six | □□□□□□□□□ |

| Date | ／ | ／ | ／ | ／ | ／ | ／ | ／ | ／ |
|---|---|---|---|---|---|---|---|---|
| Score | | | | | | | | |

Class（　　－　　）No.（　　　）Name（　　　　　　　　　　　　）

1文が書けない生徒への対応

# 08 使わせたい語句はその場で「ちょこっと英作文」を

## 授業で気軽にできる書く活動

１文レベルを正確に書けるようになるためには、授業中に短時間でも書く活動を取り入れることが必要です。そこで、教科書本文を扱う際に短時間でできる活動を紹介します。名づけて「ちょこっと英作文」です。

なお、授業中に書く時間を保証することは英語がニガテな生徒にとって非常に大切です。自宅で書く時間がとれない生徒も多いからです。

## ちょこっと英作文の手順

①本文を扱っているときに基本文や新出表現を見たら一つひとつ追う（そのときに意味の確認だけで終わらない）
②表現の「意味・形・使い方」を簡単に確認する
③その表現を使ってオリジナル文を書いてみる
例）take care of ～「～を世話をする」を使った文を書いてみよう
→生徒はノートに書く
④ペアで言い合って確認する
⑤全体で共有する
例）I usually take care of my little brother after school.
I want to take care of my grandmother because she is getting old.
She took care of me a lot.
I like her.

## テスト前にはまとめて復習する

定期テスト前に重要語句を使って、自作文を作り覚えることを推奨します。

1 重要語句・英作練習 (39 words)
① dreamed of ~ing (～することを夢見た) I dreamed of buying my own house.
② traveled into space (宇宙への旅) I traveled into space three times.
③ Each time (そのたびに) Each time he orders the same thing.
④ take+時間 to 動原 (…するのに[時間]かかる) It takes 90 minutes to do my homework.
⑤ around the earth (地球の周り) The ISS flies around the earth.
⑥ the day view (昼の眺め) I saw the day view. (for 45 minutes)
⑦ the night view (夜の眺め) The night view is very beautiful.
⑧ The Milky Way (天の川) The Milky Way streches (伸びる) on and on.
⑨ on and on (どこまでも)
⑩ looks like (のように見える) The cloud looks like an apple.
⑪ different from (～とは異なっている) I think this looks different from what I ordered.
(be) ⑫ identify ~ by (～から…を認識する) I can idetify Japan by its shape.
2
① went on ~ mission (～のミッションに行った) I went on my second mission.
② lasted (続いた) It lasted 137 days and 15 hours.
③ each other (お互い) They smiled at each other.
④ came to an agreement (意見が一致する) We talked with each other until came to an agreement.
⑤ a variety of (さまざまな種類の) There is a variety of life in the sea.
⑥ Each of (それぞれ) Each of us slept in a room about the size of a phone booth. (電話ボックス)
⑦ about the size of (～ほどの大きさの)
⑮ comfortable (快適) The room is very comfortable for me.
3
① be busy with (～で忙しい) I was very busy with my homework.
② had time for (～の時間) We had time for some scientific experiments.
③ To [our] surprise, (驚いたことに、) To my surprise, the dog started to sing.
④ both ~s (両方の) Both Jack's sisters were in college.
⑤ started to (～し始めた) Some birds started to fly away.
⑥ another (べつの) In another experiment, I tried calligraphy. (習字・書道)
⑦ too much (あまりにたくさんの) I used too much ink, but it didn't drip.
⑧ stick to (～にくっつく) I put tape on my feet to stick to a carpet.
⑨ challenge (やりがいのある課題) I do it because it is a challenge.
⑩ around the world I want to travel around the world. (世界中)
⑪ Through (～を通して) Through this experience, I learned a lot of things.
⑫ come to believe in (を信じるようになる) I came to believe in God.
⑬ citizens of the earth (地球の住民) We are citizens of the earth.
⑭ each one of us (私たちの1人1人) Each one of us is a crew member.
A Forest in the Sea (L.2)
1 ① Among (のなかで) Soccer is very popular among young.
② less green space than (よりも緑地が少ない) Tokyo has less green space than London.
③ the world-famous (世界的に有名な) Tadao Ando, the world-famous architect, have the answer.
④ square kilometers (キロメートル) Hyde Park in London is 2.35 square kilometers.
⑤ The Imperial Palace grounds (皇居の敷地) The Imperial Palace grounds is in Tokyo.

ほかにも、その重要語句を使った「教科書の英文抜粋」(モデル) とその表現を用いた「オリジナル作文」の両方を書いている生徒もいます。

## オリジナルで考えて書く作文をテストにも出題する

テストで「和文英訳」(翻訳型英作文) を出題する場合、単に日本語の文を出して「次の日本語を英語にしなさい」とするパターンが多いかもしれません。この形式は、少し工夫をすると楽しくなり、生徒が言うにはテスト中にかなり頭を使うテスト問題になります。

(指示文) 次の日本語を英語にしなさい。その際、「…」や「～」の部分は自分で考えて書きなさい。

例)「私が家に帰ったとき、…はすでに～だった」と自身の経験に基づいて書いてください。【hadと過去分詞を使うこと】 ※高校生対象
(生徒解答例)

- My brother (mother) had eaten my ice cream when I got home.
- When I got home, my dinner had been eaten by my mother.
- My dog had died when I came back home.

# 09 「LSD」で簡単にできる1文ディクテーションテスト

## 教科書を使った1文書く活動

中学校などでは家庭学習として、教科書の音読や筆記を課す場合もあるでしょう。習得を確認するときに、次の授業で簡単に音声と文字を使った短時間で実施できる小テストがあります。それがLSD（ラスト・センテンス・ディクテーション）です。

これは、教師が教科書本文を音読し、ある英文を読み終えたところでストップします。生徒はそのストップした1文のみを用紙に書きとります。いつストップされるのかわからないので、生徒は集中して音声を聞こうとし、1文書くだけなので短時間で実施ができる便利なテストです。

## LSDの手順

①範囲を決めて音読と筆記の家庭学習を促す（次のLSDの準備）
②必要なら、テスト前に音読などの準備時間をとる
③白紙の小さな用紙（または１０行くらい印刷された紙）を配付する
④LSDテストを実施する
⑤すぐにペアで教科書を見て採点する（即時評価）
　例）1単語1点。たとえばI call him Taku.なら４点満点
⑥ミスがあった英文をすぐに復習して（即時強化）、提出する

右は、テスト用紙を１０回分まとめて実施できるようにした見本です。得点の視覚化になります。

## 4-8 LSD用紙

# （重要）LSD用紙（私の努力の結果）Vol.1

◆毎回力と得点を積み上げていこう！

| 日付 | 範囲 | 英文 | 採点者サイン | 得点 |
| --- | --- | --- | --- | --- |
| ①（　／　） | | | | ／ |
| ②（　／　） | | | | ／ |
| ③（　／　） | | | | ／ |
| ④（　／　） | | | | ／ |
| ⑤（　／　） | | | | ／ |
| ⑥（　／　） | | | | ／ |
| ⑦（　／　） | | | | ／ |
| ⑧（　／　） | | | | ／ |
| ⑨（　／　） | | | | ／ |
| ⑩（　／　） | | | | ／ |
| 【復習欄】 | | | 合計 | ／ |

（　　）年（　　）組（　　　）番　名前（　　　　　　　　　　　）

1文が書けない生徒への対応

# 10 「和」文「和」訳の技を学ぶ

## 和文英訳がうまくなるには？

１文レベルの英訳がうまくなるには、次の３段階があります。

①問題文の日本語を逐一すべて訳さず、内容をつかむ

日本語をそのまま一語ずつ英語にすると、うまくいかなくなることが多いです。日本語に書いてある「内容」、「メッセージ」は何かをつかむように伝えます。

②問題文の日本語を幼稚園児がわかるレベルの日本語に訳す（和文和訳）

これに関して生徒によく伝えるのは、次のことです。（高校１年生）

| みなさんの日本語力はプロ並みです。15年話しているので、段で言えば15段です。一方、英語は中1から高1までの4年間でまだ4段。つまり日本語と英語の差は相当大きいのです。ですから、ハイレベルの日本語で考えたことをそのまま英語にするのは無理があるので、まずは日本語のレベルを落としましょう。イメージは、幼稚園児に通じる日本語に翻訳することです。そうすると断然英語にしやすくなりますよ。英語ができる人というのは、これを瞬間的に行っている人なんですね。 |
|---|

こう話した後は、いくつかの例題をやって慣れてみます。

- 「私は早起きだ」→「私は朝早く起きます」
- 「やり抜け！」→「最後まであきらめるな！」
- 「俺の夢は海外留学だ」→「私は将来、外国で勉強したい」

③自信のある表現を使って英文を書く

英文にするときには、できるだけ覚えている表現や構文を使うと間違

いが減ります。まさに「英借文」です。

自信を持って使える基本文の習得は大切です（p.66～67）。

## 和文英訳がLINEでできる

最近は、スマホを持っている中高生も多くなり、英語を翻訳・通訳するための高機能なアプリなどを簡単に使えるようになっています。

そのうちの１つがLINEです。大変優れた機能で、大人でも英作時や海外旅行時に大変重宝します。次のように使います。

- LINEを立ち上げる
- 友だち検索をして（「LINE英語通訳」）友だちになる
- トーク画面で日本語を入力し送信する
- 即座にその日本語が英語で返信される

ちなみに、翻訳アプリを使う際も、「わかりやすい日本語」にすることが大切です。たとえば「句読点を正しい位置につける」、「主語や目的語を省略しない」、「長い文は短くする」、「時制を明確にする」などです。つまり、相手は日本語の初級者と思って丁寧な日本語を使うことです。

なお、LINE以外にもGoogleの翻訳の精度も相当高まっています。英語で書かれた看板や洋書、画像にスマホを向けるだけで、画面上で日本語に変換される機能も出てきています。今後はさらに簡単で、精度が高いものがつくられるでしょう。

そうした「日本語から英語への変換は機械」が担う時代を見据えるならば、ライティング指導は、「日本語を英語に換える」だけでなく、「よりよい内容の発想」、「相手に通じやすい論理的な構成」など、「内容」や「構成」が大切になってくるのかもしれません。

1文が書けない生徒への対応

# 11 「伝わりやすい英文」を書くコツから学ぶ

## より自然な英文を書くヒントから学ぶ

文法的に正しいだけでなく、「より自然な英文」を書くにはどうしたらいいでしょうか。「英語はできるだけスリムに書く」「情緒的な日本語は控えめに英訳する」「人を主語にして能動態で書く」などがあります。

右のリストは、その一例です。この観点で参考になるのは、マーク・ピーターセン『ピーターセンの英文ライティング特別講義４０』(旺文社、2018)、『即戦力がつく　英文ライティング』（DHC、2013）や、大学受験生の誤りをまとめた河村一誠『減点されない英作文』（学習研究社、2006）などです。

## 英文が自然な表現かどうかを確かめる方法

生徒は、日本語を自分が知っている表現に当てはめて英作をするので、自然な英語かどうか判明しにくい場合があります。そうしたときは、次のように確認できます。（竹岡（2015）や日向（2013）参照)。

（１）Longman（英英辞書）には「話し言葉」か「書き言葉」か、その頻度はどうかまでが掲載されている。

例）hero　Ｗ３：「書き言葉」で「頻度」は上から３番目という意味

（２）よく使われる表現かはGoogle検索の用例数で判断する。

例）「事件を解決する」はsolve a problemかsolve an incidentか迷うときは、それぞれ“　”に入れてGoogle検索にかける。用例数は前者３４００万件で後者は１３万件（執筆時）→前者が一般的と判断できる。

## 4-9 自然な英文にするチェックリスト

### 【英作文】より自然な（通りのよい）英文にするチェックリスト

以下は，英作するうえで気を付けると，より自然な（通りのよい）英文になるポイントです。活用してください。
（慣れている日本語の意識で英語を書くと，違和感のある英語になりやすい。英語らしい文にするコツを学ぶ。）

**（1）「主語を I（や My）ばかり」にしない。**

Iばかりで始まる英文だと幼稚な印象を与えてしまう。アメリカの小中学生も「Iが3文以上続かない」工夫をするそう。
（日本人中学生は，英作文でIを使う頻度がネイティブの30倍近いという研究もある。）
□I have two sisters. →In our family, there（ are ）two sisters. □I like baseball. → Baseball is my（ favorite ）sport.

**（2）「思う＝I think」はできるだけ使わない。**

日本語で丁寧の意味を込めて「〜と思う」を多用しても自然だが，英語でI think〜を多用すると「主観的」「自信がなく」見える。
特に「〜したいと思います」をI think I want to 〜.とする必要はない。I thinkは削除するか，mayやseemで控えめな感じを出す。

**（3）できるだけ「能動態」で力強く書く。**

英語では「行動」を描写する能動態が好まれる（力強さや躍動感が伝わる）。日本語は受身形をよく使うが，能動態の方が英語らしい。
（受身形だと責任の所在がはっきりしにくくなり，かつ，be動詞とbyの分，字数が増えてしまう。）
例）おばあちゃんから多くのお年玉をもらった。I was given a lot of otoshidama by my grandmother.（より日本語的）
→My grandmother gave me a lot of otoshidama.（より英語的）

**（4）人を主語にして能動態で書く。**

□「この頃の日本人の英語の発音はとてもよい」Japanese people today can pronounce English very well. （「発音」を主語にしない）
□「〜するのが欧米の通例である」⇒Europeans and Americans usually 〜（形式主語にすると語数が増えて簡潔でなくなる）

**（5）英語にするときは「できるだけ簡潔に（スリム）」に書く。**

英語と比べて日本語は情緒的で余分な言葉が多い。「意味の伝達」のためには余分な日本語はカットしスリム化する。
□「人間だれでも」年をとる。⇒「人間」という言葉は取り去って「誰でも」だけにする。（ Everyone grows old. ）
□彼は「車を使って」通勤している。⇒「車で」のみにする。（ He goes to work by car. ）

**（6）情緒的な日本語は少し控えめに英訳する。**

日本語は厳密な論理よりも情緒を重んじる言語。正確に言えば例外がある場合でも，「だれでも」「いつでも」「どこでも」という語を使うことがある。それらを英語にするときは「例外を意識して控えめに」表現する。
□「どこの親たちも」 ⇒（ almost all ）parents （all parentsにすると「一人も残らず全員」の意味になる）
□「少し動くと（息が切れる）」⇒even if I do only a little bit of exercise.（「ちょっと運動しただけで」のように「運動」を入れる）

**（7）「結論」は先に書く。**

日本語流に結論を最後に持ってくると、英文としてはわかりにくいものになることが多い。
□「赤信号が出ているのに通りを横断してはいけない」→「通りを横断してはいけない」を先に訳出しておく方がいい。

**（8）冠詞の a [an] と the を使い分ける。**

a：その名詞が「2つ以上存在」していて，そのどれか1つを表す。
the：その名詞が「1つしかない」。（＝theを使うときは，the only oneの意識をもつ）
□「京都は日本の古都です」Kyoto is an ancient capital of Japan.(theにするともう一つの古都である奈良が消えることになる。）
□関係代名詞の先行詞にtheがつくかaがつくかも，「2つ以上の1つ」か，「たった1つ」かで判断する。
例）「これは私が住んでいた家です」はaもtheもどちらも可能。
This is the house where I used to live.（一度しか引越をしてなくて，以前住んだ家が1軒のみ）
This is a house where I used to live.（2回以上引越をして，以前住んだ家が2軒以上）

**（9）「1つしかありえないもの」には the をつける。**

□「ある人の名前」the name of a man （人は誰でもよいが，名前は普通1つ）□「ある山の頂上」the summit of a mountain
□文脈に関係なくtheがつく語もある。例）田舎：the country ／ 空：the sky ／ 自然環境：the environment

**（10）「〜できた」は could ではなく，ただの「過去形」が自然。**

couldは「仮定法」か「過去における漠然とした可能性」を表し，ある動作が実際に行われたかどうかはっきりしない。
「私は10分で空港に着くことができた」○ I reached the airport in ten minutes. × I could reach the airport in ten minutes.

**（11）「〜すること」は不定詞か動名詞で表す。**

「これから行われること」や「仮定の話」は「不定詞」，すでに「一般的に行われている動作」「現実味のある話」には動名詞。
「私の夢はアメリカに留学することだ」 My dream is（ to go ）to America to study. （まだ留学していない）
「私の趣味は古銭を集めることだ」My hobby is（ collecting ）old coins. （すでに集めているから）
＊条件の意味（〜すれば）があれば，to不定詞を使う。例）「異なる言語や文化を知ることは〜を提供してくれる」To know 〜

（参考）大井恭子『「英語モード」でライティング』，河村一誠『減点されない英作文』、日向清人『即戦力がつく英文ライティング』，長谷川潔『英作文の指導法』

文章が書けない
生徒への対応

# 12 ライティング力アップの「ガイダンス資料」

## 文章単位のライティング力をどう高めるか

１文単位ではなく、文章単位のライティング力をアップするには、どうしたらいいのでしょうか。まず、授業の最初に「ライティングの前提」を生徒と共有します。

大井恭子先生他の『パラグラフ・ライティング指導入門』(大修館書店、2008）の中には、中高生のライティング力アップに必要な要素が多く紹介されていて参考になります。これをもとに作成したのが、右のガイダンス資料です。下がガイダンス資料、上が実際にそれをもとに生徒が書く用の問題用紙です。

生徒に配付するときは、下の資料の（　　）内の太字は消しておき、空欄を埋めながらガイダンスを行います。ポイントは隠しておくほうが、生徒は空欄を埋めたくなり、授業に意欲的になります。

## ガイダンス資料で伝えるべきポイント

- 書くことはコミュニケーションであり、考えることである
- 書く力を高めるためには、言語、構成、読み手の意識、内容、プロセスが重要である
- ライティング力をあげるステップは、アイデア発見→アウトライン作成→つながりを高める→ピア・レビュー→フィードバック→書き直し
- 上の問題は、学年の最終目標問題を載せる（年度最初の４月と最後の３月に書くと力の伸びが比較できる）

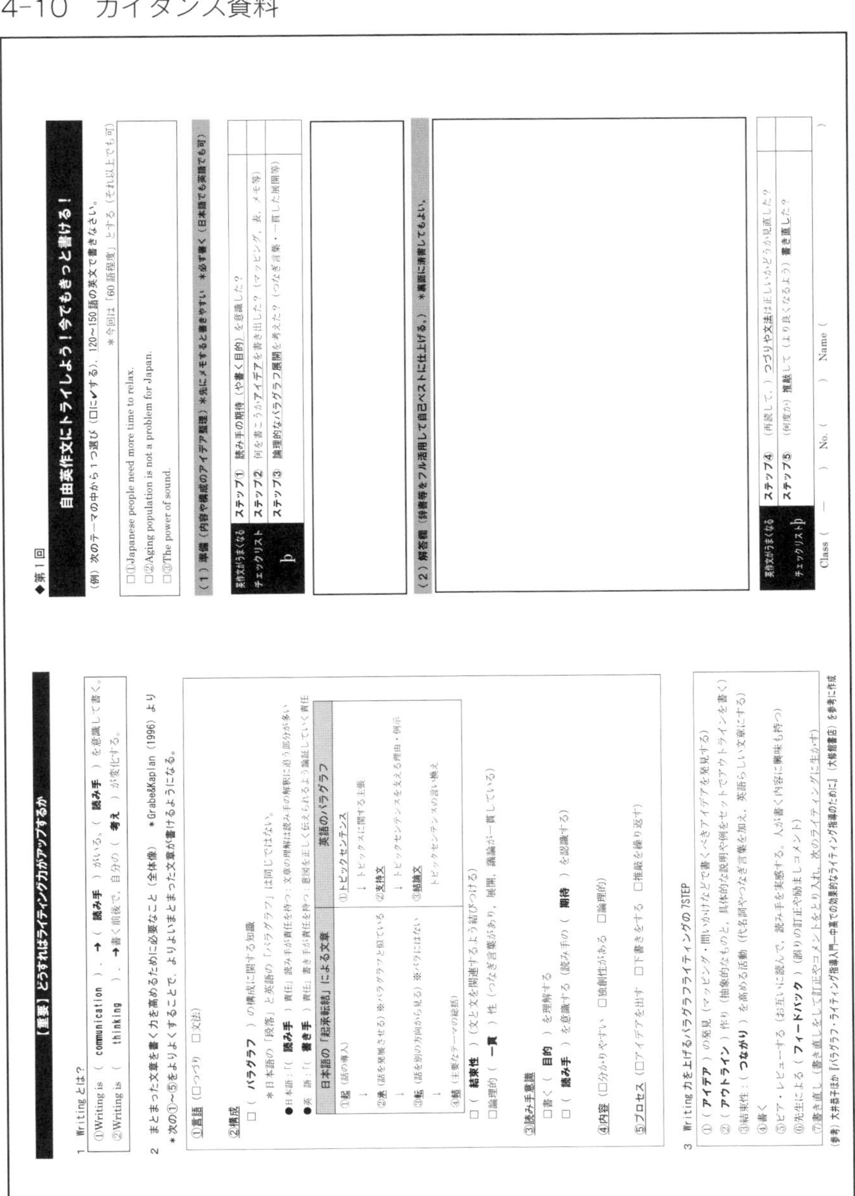

**【重要】どうすればライティング力がアップするか**

1 Writingとは？

①Writing is （ communication ）．➜（ **読み手** ）がいる。（ **読み手** ）を意識して書く。
②Writing is （ thinking ）．➜書く前後で，自分の（ **考え** ）が変化する。

2 まとまった文章を書く力を高めるために必要なこと（全体像） ＊Grabe&Kaplan（1996）より
＊次の①～⑤をよりよくすることで，よりよいまとまった文章が書けるようになる。

①言語（□つづり □文法）

②構成
□（ **パラグラフ** ）の構成に関する知識
＊日本語の「段落」と英語の「パラグラフ」は同じではない。
●日本語：「（ **読み手** ）責任」読み手が責任を持つ：文章の理解は読み手の解釈に追う部分が多い
●英　語：「（ **書き手** ）責任」書き手が責任を持つ：意図を正しく伝えられるよう論証していく責任

| 日本語の「起承転結」による文章 | 英語のパラグラフ |
|---|---|
| ①起（話の導入）<br>↓<br>②承（話を発展させる）※パラグラフと似ている<br>↓<br>③転（話を別の方向から見る）※パラにはない<br>↓<br>④結（主要なテーマの総括） | ①トピックセンテンス<br>↓ トピックスに関する主張<br>②支持文<br>↓ トピックセンテンスを支える理由・例示<br>③結論文<br>トピックセンテンスの言い換え |

□（ **結束性** ）（文と文を関連するよう結びつける）
□論理的（ **一貫** ）性（つなぎ言葉があり，展開，議論が一貫している）

③読み手意識
□書く（ **目的** ）を理解する
□（ **読み手** ）を意識する（読み手の（ **期待** ）を認識する）

④内容（□分かりやすい □独創性がある □論理的）

⑤プロセス（□アイデアを出す □下書きをする □推敲を繰り返す）

3 Writing力を上げるパラグラフライティングの7STEP

①（ **アイデア** ）の発見（マッピング・問いかけなどで書くべきアイデアを発見する）
②（ **アウトライン** ）作り（抽象的なものと，具体的な説明や例をセットでアウトラインを書く）
③結束性：（ **つながり** ）を高める活動（代名詞やつなぎ言葉を加え，英語らしい文章にする）
④書く
⑤ピア・レビューする（お互いに読んで，読み手を実感する。人が書く内容に興味も持つ）
⑥先生による（ **フィードバック** ）（誤りの訂正や励ましコメント）
⑦書き直し（書き直しをして訂正やコメントをとり入れ，次のライティングに生かす）

（参考）大井恭子ほか『パラグラフ・ライティング指導入門―中高での効果的なライティング指導のために』（大修館書店）を参考に作成

◆第１回

**自由英作文にトライしよう！今でもきっと書ける！**

（例）次のテーマの中から１つ選び（□に✔する），120～150語の英文で書きなさい。
＊今回は「60語程度」とする（それ以上でも可）

□①Japanese people need more time to relax.
□②Aging population is not a problem for Japan.
□③The power of sound.

**（１）準備（内容や構成のアイデア整理）＊先にメモすると書きやすい　＊必ず書く（日本語でも英語でも可）**

| 英作文がうまくなるチェックリスト | | |
|---|---|---|
| ステップ① | 読み手の期待（や書く目的）を意識した？ | |
| ステップ② | 何を書こうかアイデアを書き出した？（マッピング，表，メモ等） | |
| ステップ③ | 論理的なパラグラフ展開を考えた？（つなぎ言葉・一貫した展開等） | |

**（２）解答欄（辞書等をフル活用して自己ベストに仕上げる。）＊裏面に清書してもよい。**

| 英作文がうまくなるチェックリスト | | |
|---|---|---|
| ステップ④ | （再読して，）つづりや文法は正しいかどうか見直した？ | |
| ステップ⑤ | （何度か）推敲して（より良くなるよう）書き直した？ | |

Class（　―　） No.（　　） Name（　　　　　　）

文章が書けない生徒への対応

# 13 「まとまりのある文章」を書くポイント

## まとまりのある文章とは

学習指導要領では、「まとまりのある文章」が重視されています。まとまりのある文章とは何でしょうか。中学校指導要領解説（p.28）によると、次のように説明されています。

> 「まとまりのある文章を書く」とは、文と文の順序や相互の関連に注意を払い、全体として一貫性のある文章を書くことを示している。「導入―本論―結論」や「主題―根拠や具体―主題の言い換えや要約」など、文章構成の特徴を意識しながら、全体として一貫性のある文章を書くことができるようにすることが重要である。（下線は引用者）

上記ポイントをまとめると、次のようになります。

- 文と文の「順序」や「相互の関連」に注意する
- 文章構成の特徴を意識する
- 全体として一貫性のある文章を書く

たとえば、「自分の好きなものについてまとまりのある３文で紹介しなさい」というお題のときに、次のような３文を書く生徒がいます。

I like baseball. I like camping. I like ramen.

これは、３文を列挙しただけであって「まとまりのある文章」とは言えません。前後の文に順序や相互の関連がなく、全体として一貫性のある文章になっていないからです。

## まとまりのある文章を書くコツ

では、まとまりのある文章を書くには、どのような要素が必要になるのでしょうか。生徒に伝えたいポイントは次の２つです。

- １つの話題について書く
- 内容に関連性（結束性）と一貫性をもたせる

結束性と一貫性とは、まとまりのある言語表現を構成する重要な要素で、次のようなことです。

〔結束性〕（cohesion）：（文と文の間に）文法上のつながりがあること
A lady → She
※文字に現れる（目に見える）文法上の一貫性のこと
例）代名詞（a lady → she）、接続詞、省略、類義語など。

〔一貫性〕（coherence）：（文と文の間に）意味上のつながりがあること
※文字に現れない（目に見えない）意味や論理の一貫性のこと
例）A：That's the telephone.
B：I'm in the bath.
A：OK.（Widdowson, 1978）
ABに文脈上の関係はないが、Bが入浴中で電話に出られないと聞いてAの「わかった、自分が出る」の意味で意味上の一貫性がある（望月、2018）

ここまでの知見をもとに先ほどの文章を書き直すと、次のようにすることができます。

I like baseball. I'm on the baseball team. I practice baseball every day.

「野球が好き→野球部に入っている→毎日練習している」と、１つの話題について、結束性と一貫性があります。

３文で書く練習を何度かすると、生徒はだんだんとこの原理がわかってきます。「３文バラバラ」の英作文が「２文がつながりがある」ものに、そして「３文ともつながりがある」のある英作文に上達していきます。

文章が書けない
生徒への対応

# 14 「英語4文日記」で書く習慣をつくる

## 過去形の学習後は、「英語４文日記」を始める

過去形（一般動詞）の学習後は、「英語日記」が開始できます。

４文で書く（日付・天気、出来事、体験、感想）ことから始めるので、「何を書けばいいかわからない」状態を脱出できます。大人になっても毎日日記を５分間ずつ書き続け、力を伸ばしている人もいます。

## 英語４文日記の取り入れ方

①「英語４文日記の書き方」プリントを使ってガイダンスする（右頁）
②例を見せて、その場で書いてみる
③内容や書き方についてコメントする
④週末課題や長期休暇の課題に継続して取り組む

ポイント

- 書かせる分量は、短く。３行～５行程度で始める
- ふだんのノートと別の、英語日記専用のミニノートも使える（日記が大好きで１回でミニノート１０ページほど書く生徒もいる）
- 頻度は、週１～２回から始める
- 良い見本やミスの例は、時々全体に知らせて全体層の底上げを図る
- 慣れたら、「絵付き」「主語に変化」「つなぎ言葉」「感想や心情」「その日のニュース」「意見・理由」などレベルアップさせる（樋口、2012）

## 4-11　英語４文日記

### 書く力がグングン伸びる！『英語４文日記』の始め方

**1　なぜ英語日記？**

英語で日記を書いたことがありますか？日記は，実は一番身近な「自己表現」の方法です。英語を使って「表現する力」を伸ばすことができます。次のような効果があります。

□①**英語での表現力がつく**。（言いたいことを調べ，英語で言えるようになる。）例）部活・授業のこと
□②授業で学んだ文法や表現を復習して，**使う機会が生まれる**。
□③**英作文に慣れる**ことができる。書く量が増え，自分のがんばりに**自信が生まれる**。
□④1日を振り返り，**「考える力」がつく**（「考えて，行動する」習慣は，人生において大切）。

**2　『英語日記』の〈書き方〉**

最初は，４文ずつ書くことからはじめましょう（日付・天気を入れて）。慣れてきたら文量を増やしてもよいでしょう。書く力がさらに伸びます。書き方は，次の型に当てはめると書きやすいです。

①1文目は，【日付や天気】を英語で書きます。（天気は単語でなく，文で書く）
　□例）February 16th , Saturday　It was sunny.　（２月16日，土曜，晴れ）
②2～3文目は，【出来事や体験したこと】を書きます（１～２文で）。
　□例）Today, I went to see a movie with Keita. We saw " Toy Story."
　　（今日，僕はケイタと映画を観に行った。「トイ・ストーリー」を見た。）
③3～4文目は，【感想・学んだこと・意見】を書いてまとめます。
　□例）It was fun.（楽しかった。）

| 0 | タイトル | Movie（日本語でもよい） | 映画 |
|---|---|---|---|
| ① | 日付 | February 13th , Saturday | ２月１３日（土） |
| | 天気 | It was sunny. | 晴れ |
| ② | 出来事 | Today, I went to see a movie with Keita. | 今日は，ケイタと映画を観に行った。 |
| ③ | 体験 | We saw " Toy Story." | トイ・ストーリーを観た。 |
| ④ | 感想 | It was fun. | 楽しかった。 |

出来事でなく，感想が２文になってもよい。

＊慣れたら文量を増やしてもOKです。書く力がさらに伸びます（３～４ページ書いた先輩も！）。
＊上の型も最初の手助けなので，慣れてきたら構成を変えてもいいですね。
＊日記のはじめには，タイトルを書いておいてください。後で振り返りやすくなります。

**3　『英語日記』の話題〈ネタ〉**

「日々の出来事」を書く以外にも，次のような自分が好きなテーマについて書くのもOKです。

| □好きなこと | □家族紹介 | □友達のこと | □自分の趣味の紹介 | □外食したこと |
|---|---|---|---|---|
| □授業のこと | □部活のこと | □買い物 | □長期休暇の予定 | □週末にしたこと |
| □平和について | □テレビ番組 | □好きな歌手 | □ペットについて | □ボランティア活動 |
| □自分の夢 | □私の悩み | □ニュースから | □環境問題 | □今後の抱負 |

（参考）木宮晓子著『1日10分で記述力アップ！英語３文日記ドリル４２』（明治図書）

文章が書けない
生徒への対応

# 15 英文のかっこいい「つなげ方」

## 英文のつなげ方を学ぶ

英語の文章がうまく書けるようになるには、英文同士のつなげ方を知るのも効果的です。たとえば次のように行います。

①ワークシート配付前に、右のワークシート項目２の演習を各自で行う
②右のワークシートを配付して、文の論理的なつなげ方を知る
③例（お手本）の構成を理解する
④お手本を写す／お手本にならって書く（小学校の作文指導のように）

## 教師も実際に書いてみると生徒の気持ちがわかる

生徒に自由英作文などを求める場合は、「教師もできれば事前に書いてみる」ことをおすすめします。多くのメリットがあります。

- 生徒がつまずきやすいポイントが先にわかる
- 解答のバリエーションが学べる
- 正解だけでなく誤答バリエーションもわかる
  例）ここでの「選ぶ」はchooseでもselectでも○
  　　しかし、choseやchoiceは×（理由は～だから）

以下は、生徒に伝えたいポイントです。

- 基本英文を暗記して、考えなくてもすぐ英文が出てくるようにしよう
- 英作の最初のポイントはVを決めること（Sではない）
- 正しく書き直した後は、音読して瞬間的に発話できるようにする

# 4-12 英文のつなげ方

**英語の書く力がアップ！文のかっこいい「つなげ方」**
**～「単純な文の羅列」でなく「洗練された文章」にまとめるには～**

**1 文と文のつなげ方**

英語の文と文をつなげるには，それぞれの文を「単純につなげる」方法から，成熟し（mature な），洗練された（sophisticated）つなぎ方までいくつかの段階があります。洗練された文章の書き方を学びましょう。

**2 演習**

次の表を見てください。ここに書いてある単語を使って，英文で説明してみてください。

| | 青森 | 沖縄 |
|---|---|---|
| The climate（天候） | Cool | Warm |
| The major fruit crop（主要果菜類） | Apples | Pineapples |

自分で言って（書いて）みましょう。

ネイティブ式発想での英語の書き方をまとめた『「英語モード」でライティング』（大井恭子著）では，海外の研究成果（子供の言語使用）をもとに，文章の成熟度を次の4レベルで示しています。皆さんの英文は，どのレベルに近いでしょうか。また，書く力を次のレベルに上げるには，どのようなコツがあるのか見てみましょう。

**3 各レベルの文章**

（1）レベル1

In Aomori Prefecture the climate is cool. In Aomori Prefecture the major fruit crop is apples. In Okinawa Prefecture the climate is warm. In Okinawa Prefecture the major fruit crop is pineapples.

□単に表の情報をそのまま（ **箇条書き** ）のような文章にしただけ
□SV（主語＋動詞）だけで構成された（ **単文** ）の羅列

（2）レベル2

In Aomori the climate is cool and the major fruit crop is apples. In Okinawa the climate is warm and the major fruit crop is pineapples.

□繰り返されていた語句が整理され，接続詞（ **and** ）でスムーズな流れになっている
□しかし（ **順接** ）の and だけでつながり，まだシンプルの域から出てはない（他のつなぎ方も可能）

（3）レベル3

In Aomori the climate is cool, so their major fruit crop is apples. In Okinawa the climate is warm, so their major fruit crop is pineapples.

□接続詞（ **so** ）で因果関係（原因―結果）＝ロジック（論理関係）が生まれる（関係性を表現すると成熟）

（4）レベル4

In Aomori's cool climate they harvest apples, but with Okinawa's warm climate pineapples may be grown.

□1文の中に表中の全ての情報が統合されて盛り込まれている
□作物を crop ばかり言わず，収穫という（ **類語** ）の harvest を使う（英語は同一語の繰り返しが嫌い）
□能動態と受動態のバランスをとる（動詞 harvest,その類語である grow は受動態で grown で成熟度アップ）
□2つの文が対照関係にあり，but という（ **逆接** ）の接続詞を使っている（while も使える）
　ピリオドを打ち，次の文を On the other hand（その一方で）で始めると，さらに対照の関係が引き立つ

**4 成熟した文章を書くポイント**

次のような面で洗練（sophistication）させることに気を付けると，より成熟した英語に近づいていきます。

□【語彙】類語を使って言葉の（ **言い換え** ）をしてみる（Elegant Variation）
　＊ただし，論理性を重んじる文章（論証文・意見文）では，「同一概念は同一語句で」の考え方もあることに注意。
□【文体】様々な（ **構文** ）を使えるように構文力を養う
□【情報構造】文と文の関係を効果的に表現できるよう（ **論理構成** ）を見抜く（因果，対照などを入れる）

（出所）大井恭子『「英語モード」でライティング』（講談社インターナショナル）を基に作成

文章が書けない生徒への対応

# 16 毎単元の最後に「15分間自由英作文」を

## 毎単元の最後に「15分間自由英作文」を位置づける

１つの単元の内容理解を終えてすぐに次の単元に移るのではなく、単元末には毎回、要約と意見文を書かせてみるのはいかがでしょうか。比較的長い文章を継続して書く機会になります。

- 単元開始時に最後に書く自由英作文のお題を伝えておく（下記参照）
- 単元を終え、復習音読などをして単元の内容を思い出す
- まとめの自由英作文プリントに取り組む（１５分間）
- ペアや全体で内容を共有する（内容や書き方や着眼点の交流）

## 指導上の留意点や工夫

各単元で次のような自由英作を課し、テストにも出題し、（定期テスト後の）実技テストではそれを使ってプレゼン実技を行うようにします。

| 表現の型 | 自由英作文のトピック |
|---|---|
| 万能型 | L. 2を読んで，あなたが羽生さんの生き方・考え方から「感銘を受けた部分や今後の人生に生かしたいと思う部分」はどこですか。またそれは，「自分自身の経験やこれからの生き方」とどう関連しますか，５０語程度（４５～５５語）で述べなさい。 |
| 単元独自型 | ①Dr. Kantoが大変困難な決定（決心）をしたように，人は人生で大きな決断を迫られることがあります。あなたにとってのthe most difficult decision you have ever made in your lifeは何ですか。５０語程度（４５～５５語）で具体的に述べなさい。<br>②「バイオミミクリー」とは何ですか。また，なぜいまそれに注目する必要があるのですか。さらに，あなたがバイオミミクリーの例を１つ企業に提案するとしたら，どのようなものを挙げますか。使い方や効用も含めて５０語程度（４５～５５語）で書いてください（考えたアイデアのイラストも添えること）。 |

- 構成は「本文要約（summary）」と「自由英作文（opinion）」の２つにする
- 書いた後にペアで、原稿を見ずにスピーチし合うと技能統合型になる

## 4-13　自由英作文

**L. 1　自由英作文**

**◆英作課題　L. 1 のピクトグラムについて「要約」と「提案（創造）」を含む英作に取り組みましょう。**

**【L. 1 の「要約」に関する内容】**

①L.1 で学習した「ピクトグラム」とは何ですか。②またそれは何のためにあるのでしょうか。

**【L. 1 の内容をさらに深める内容（提案・創造）】**

③さらにまだこの世にない自分で考えたピクトグラムを提案してください。その際，ネットなどで調べて，自分と同じものが発表されていないことを確認したうえで，それが何のイラストで，どんな意味なのか，なぜそのピクトグラムが世の中に必要なのかを提案してください（できれば，あなたのアイデアが，SDGs の 17 のゴールのうち，どの課題解決につながるかも書いてみてください。）。①～③を 60～80 語程度の英語で書いてください。良いものをまとめて後日，英語で世界に発信したいと思いますのでしっかり考えて取り組んでください。

**（１）準備（内容や構成のアイデア整理）　＊必ず書く（日本語でも英語でも可）**

| 英作文がうまくなる チェックリスト☑ | | |
|---|---|---|
| | **ステップ①**　読み手の期待（や書く目的）を意識した？ | |
| | **ステップ②**　何を書こうかアイデアを書き出した？（マッピング，表，メモ等） | |
| | **ステップ③**　論理的なパラグラフ展開を考えた？（つなぎ言葉・一貫した展開等） | |

**（２）解答欄（辞書等をフル活用して自己ベストに仕上げる。）　＊裏面に清書してもよい。**

自分が考えたピクトグラム

(　　　　words)

| 英作文がうまくなる チェックリスト☑ | | |
|---|---|---|
| | **ステップ④**　（再読して，）つづりや文法は正しいかどうか見直した？ | |
| | **ステップ⑤**　（何度か）推敲して（より良くなるよう）書き直した？ | |

Class (　—　)　No. (　　)　Name (　　　　　　　　　　　　)

文章が書けない生徒への対応

# 17 夏休みは「長文英作」に取り組む

## 夏休みはパソコンで長文英作にトライ

夏休みの課題の１つに自由英作文を課す学校もあるでしょう。パソコンでつくった作品を県や全国のコンテストに出す場合もあります。生徒は長い英文を書くことやパソコンでのレポート提出（大学で必要）にも慣れることができます。次のように行います。

①夏休みの課題で英作文を課す（全英連の要綱を参考に課す）
②英作文は、各自が自宅のパソコンで打ち、印刷したものを提出させる
③英作文を（英語科で分担して）読んで、数を絞って選抜する
④その中から、ALTに読んでもらって「ベスト１０」を選んでもらう
⑤それをALTが赤で書き込み修正し、生徒は最終版を提出する
⑥学年全体の前で校内表彰する（良いものは本人の許可を得て共有）
⑦p.91のように、「英語パラグラフの４種類」シートを使って、意見文の型も教えるとよい

### 夏休みの長文英作文課題例

| | |
|---|---|
| (1)目的: | 英語による表現力を高める。 |
| (2)題: | 次のどちらか1つを選択する。 ①②それぞれ，指定の大会に出品する。<br>①An Unforgettable Experience〈忘れられない経験〉 →全国高等学校生徒英作文コンテストに出品<br>②My Biggest Achievement〈人生で最も大きな業績・功績・偉業〉→広島県高等学校英作文コンテストに出品 |
| (3)制限語数: | 251 語～500 語(語数オーバーしないこと) |
| (4)用紙: | A4判の上質紙1枚(文字は MSP 明朝で 12.0 ポイント) ＊タイトルはゴシックで。 |
| (5)書き方: | 下書きは本紙に，清書(提出)はパソコン(黒)で印刷したもの。 ＊翻訳ソフト・サイトは使用しない(精度も低い)。<br>1行目にタイトルを，2 行目以降に下の例にならって学校名や名前を日本語と英語で書く。<br>（日本語で）●学校名 ●学校の郵便番号 ●学校の住所 ●学年 ●氏名 ●年齢 ●性別<br>（英語で） ●氏名 ●学校名に Class, No. Name を書く。<br>最後に語数を(　)内に数字で書く。 |

## 生徒作文例

An Unforgettable Experience

In April this year, an exchange student came to our class from Switzerland. He was as old as we were, but he was such a good student that he skipped one school year. He spoke four languages; Dutch, French, German and English, and now he came to learn his fifth language, Japanese. He stayed in Japan for only four months, but during that short stay I learned a lot of things from him, and I came to notice different things.

I wanted to be friends with him, and I tried to speak to him as much as possible. At first it was difficult for me to express myself in English, so I used a lot of gestures. Gradually I got used to communicating in English, and I was happy that I studied English in my junior high school days. He learned Japanese very quickly, and he told me various things that he noticed about Japan in Japanese.

He said that the shopkeeper of a ramen shop spoke to him friendly. He was impressed that he was treated as his friend, though he was a perfect stranger at first. He also found that the apples are very fresh and delicious in Japan. He went shopping at a supermarket to buy an apple every day. He though it very polite of the Japanese that most of them wrap chewing gum before throwing it into the trash can. He was surprised that there are many trash cans in Japan, and the roads are always kept clean. He said that Japanese people are very good listeners, and people listened to him by looking at his eyes. He has been to many different countries, and he made me realize what the good points of us Japanese are.

He said, however, that the water of the river and the air is not clean in Japan. He was sorry that the fish caught in our river are not good to eat. He was also sorry that there were some students who did not respond to his "Hello!" in the morning. I think that we should exchange greetings much more often than we do now. I want other people to know this fact.

We also talked about music. Both he and I like rock music. Our favorite band was the same; Coldplay. I was happy to know that music is really international.

He was different from us; he was not as modest as we were. He said that he was good at singing, and that he wrote a great diary every day. I think that it is important for us to be proud of what we are good at.

I feel that encounters with different cultures really help us mature. (453 words)

※原文のまま掲載しています。

## ●●高等学校　第●学年英語科

## 夏季課題　英作文コンテスト　校内優秀作品発表

●●高校では，夏休みの課題の１つとして自由英作文を課していました。目的は，「英語による発表能力を高める」です。

本校 ALT の●●先生をはじめとした英語科の先生による厳正なる校内選考の結果，第●学年夏季課題「英作文コンテスト」の優秀作品が次のように決定しました。受賞者の皆さん，おめでとうございます。今後もますます精進を続け，英語による発表能力を高めていきましょう。

### 1　Experience

| | | |
|---|---|---|
| ★最優秀作品 | ●－● | ●● |
| 優秀作品 | ●－● | ●● |
| 優秀作品 | ●－● | ●● |
| 優秀作品 | ●－● | ●● |
| 優秀作品 | ●－● | ●● |

### 2　Achievement

| | | |
|---|---|---|
| ★最優秀作品 | ●－● | ●● |
| ★最優秀作品 | ●－● | ●● |
| 優秀作品 | ●－● | ●● |
| 優秀作品 | ●－● | ●● |

### 3　英作文コンテスト実施要綱（再掲）

（1）　目的　：英語による発表能力を高める。
（2）　題　　：次のうちどちらか１つを選択。
①An Unforgettable Experience〈忘れられない経験〉
②My Biggest Achievement〈人生で最も大きな業績・功績・偉業〉
（3）制限語数：２５１語～５００語（語数オーバーしないこと）

# 4-15　英語パラグラフの４種類

## 「英語パラグラフの４種類」を知ろう

◆英語の文章は，以下の４つに分類できます。　＊Alexander Bain(1890)による分類を現在まで踏襲。

（１）**語り文**(narration)：自分の経験など個人的なことを物語のように説明する文章（例：「修学旅行の思い出」）
（２）**描写文**(description)：「人」「もの」「場所」などを描写する文章（例：「家族の紹介文」）
（３）**説明文**(exposition)：事実を解説したり，情報を伝えたりする文章
（４）**論証文（意見文）**(argumentation)：対立意見のある問題（issue)に，自分の立場と考えを論理的に述べる文章

◆それぞれ説明します。

（１）**語り文**(narration)

①自分の経験など個人的なことを物語のように説明するもの
　例）「修学旅行の思い出」（修学旅行で感じたことなどの個人的な感想）
②ライティングにおける最初の一歩（ここから書くことの練習が始まる）
③文体の特徴
　●「時系列」（時間の流れに沿って出来事を書く）に述べる
　●「年齢」を表す表現(at the age of 72)や「時」を表す表現(in 551 BC, later)などとよく使う
④読み手の興味を引くように，形容詞を入れたり，細部に興味を引きそうな具体例を挙げたりする。
⑤文章例（「孔子の生涯」）「孔子は中国で～年に生まれた。彼は～・・・」

（２）**描写文**(description)

①「人」「もの」「場所」などを描写する文章のこと
　例）「家族の紹介文」
②描写しているものが目の前になくても読み手に理解してもらえるように詳しい説明が必要
③「簡潔な分かりやすい文章」と「適切な形容詞」の選択が重要
④文体の特徴
　●「対象」を正確に描写できるように形容詞を多用する。
　●「人物」の描写(体格，髪型，顔の形）や「場所」の描写（前置詞（句））等の表現がよく使われる
④文章例（「私の弟」）「私には弟がいる。彼の名前は～だ。彼は～才で，～に通っている・・・」

（３）**説明文**(exposition)

①事実を解説したり，情報を伝えたりする文章のこと
②パラグラフ展開は５種類ほどあり，目的に対して一番有効な展開方法を選択する
　以下の各文章は，「アイデアの配列方法」や「多用される表現」がある程度決まっており習熟が必要
　●「分類(classification)」例）「楽器はどのように音が出されるかで３種類に分類されます・・・」
　　・分類の基準が必要（文頭で述べる）X can be classified into three types according to～.
　●「原因と結果(cause and effect)」例）「多くの日本人の視力が低下している・理由１，２・・・」
　　・因果関係を明確に説明　・「つなぎ言葉」(as a result, because),「動詞表現」(result from, in)
　●「比較と対照(compare and contrast)」例）「電車と車には類似点と相違点がある～」
　　・同種類を比較する　・「類似点」(similarly, also)や「相違点」(in contrast, while)を表す表現
　●「問題解決(problem-solution)」
　●「過程(process)」

（４）**論証文（意見文）**(argumentation)：**４分類のうち，最も難しい文章とされているもの**

①対立する意見が存在する問題（issue)について，自分の立場と考えを論理的に述べるもの
②究極の目的は，読み手を自分の言説で説得すること（説得力をもって論理的に提示する）
③高校や大学の自由英作文で最も多く出題されるタイプが論証文（意見文）タイプ
　＊中高ライティングの１つの目標
④授業のレポート，ビジネスパーソンの報告書，新商品のプレゼンでも論理性や説得性を活用可
⑤反対の意見を持っている人に自分の意見を納得してもらえるように説得力をもって書く
　客観的かつ論理的に一貫した書き方で書く，自説の論拠をサポートする材料（統計や専門家の言葉）
⑥文章例（「外国語を学ぶにはその言葉が話されている国に行く必要があるか」）
　「多くの人が外国語を学ぶために海外に行く。自分の意見では，必要ない・・・」

（出所）大井恭子編著『パラグラフ・ライティング指導入門』（大修館書店）p. 24-33 を基に作成

# 第5章

# ライティングを取り入れた技能統合活動

# 01 リスニング＆ライティング 質問を聞いて答えを書く

## 「技能統合」とは

第５章では、ライティング力を伸ばす「技能（領域）統合」について考えてみましょう。これは、学習指導要領「外国語科改訂の趣旨と要点」では現在の課題であり、今後のキーワードとされているものです（p.12）。

「統合」とは、技能同士を有機的にリンク（関連）させることです。たとえば、「聞いたことについて書く」、「読んだことについて話す」などです。これは、私たちの日常生活のコミュニケーションでは自然に行われていることです。たとえば、SNSで読んだ情報をもとに自分の意見を書いたり、友だちと話したりするなどです。

第５章では、「ライティング＋各技能」という、ライティングを中心とした技能統合の例を見ることで、今後求められる技能統合型の指導の幅を広げるきっかけになればと思います。

## リスニング＆ライティングの例

国立教育政策研究所による英語予備調査の問題（平成３０年度）は、４技能または技能統合問題づくりに大変参考になります。（予備調査とは、全国学力・学習状況調査の円滑実施のための調査です。）

ここでは、リスニング＆ライティングの調査問題を見てみましょう。高校入試でも見られる形式で、英文の質問を聞いて自分の考えを書くという力が求められています。

## リスニング＆ライティング問題（質問を聞いて自分の考えを書く）

**4** **（放送問題）**

英語の授業中に，先生からある提案があり，用紙が配られました。先生の話を聞いて，あなたの考えを１文以上の英語で簡潔に書きなさい。

※　下の枠は，下書きに使っても構いません。解答は必ず解答用紙に書きなさい。

【リスニングスクリプト】

Our English teacher Mike is going back to his country this month. Let's do something with him at school. What do you want to do with him? Give me your answers after class.

【問題の概要】

英語の先生から、お別れするマイク先生と一緒に何かしようという提案を聞き、アンケート用紙に自分の意見を書く

【問題の趣旨】

聞いて把握した内容について、自分の考えを書いて伝えることができる

【正解例】

I want to sing with Mike.

出典：「平成３０年度全国学力・学習状況調査　英語予備調査」（国立教育政策研究所）

# 02 リーディング&ライティング 読んで意見を書く

## 読んで意見を書く

下の問題は、ある英文を読み、それに対する自分の意見を英語で書くものです（国立教育政策研究所による英語予備調査の問題（平成３０年度））。

### リーディング＆ライティング問題（読んで意見を書く）

8 次の英文は，英字新聞に投稿されたある中学生からの意見です。これを読んで，この生徒に向けてあなた自身の考えとその理由を英語で書きなさい。

> These days, taking pictures and video is getting easier.
>
> Which do you often use to remember good times, pictures or video? I usually take video to remember good times. I think that video is better than pictures because it has sound.
>
> What do you think?

【問題の概要】
英字新聞に投稿されたある中学生の意見文を読み、その意見に対する自分の考えとその理由を書く

【問題の趣旨】
読んで把握した内容について、自分の考えを書いて伝えることができる

【正解例】
I have a different idea. I like pictures better. We can send pictures faster than video.

出典：「平成３０年度全国学力・学習状況調査　英語予備調査」（国立教育政策研究所）

こうした力はLinked Writing（自作）という活動シート（下図参照）を使って養うことができます。
①ある英文を読む
②それについて１人目が意見を英語で書く
③次の人は、１人目の意見を読み、関連させて自分の意見を述べる

**Linked Writingシート**

| Linked Writing | |
|---|---|
| ① | ( Name: ): |
| ↓ | |
| ② | ( Name: ): |
| ↓ | |
| ③ | ( Name: ): |

回数を重ねると時間あたりに書ける分量が増えてきます。また、ほかの人の英作文に触れることも生徒にとって刺激になるようです。
さらに、意見文を書く経験をくり返すことは、自分の考えを構築し、自己発見と自己形成をするうえでも重要です（p.14参照）。

# 03 リーディング&ライティング 読んだことを要約する

## 読んだことを要約する

ここからは、具体的な指導法を中心に見ていきましょう。まずは、読んだ文章を英語で要約する活動（サマリー・ライティング）です。

要約とは、「聞いたり読んだりしたことを、自分の表現を使って簡潔にまとめる行為」とされています（語学研究所『英語指導技術再検討』（大修館書店、1988）p.73)。

日常生活でも、新聞やネットニュースを読んで、自分の言葉でSNS等で人に伝えたり、要点をメモ帳にメモしたりするなど、技能を統合した要約活動はよく行われています。

上掲書によると、要約の難易度は次の①～④の順に上がっていきます。

①１文要約（タイトル風に）
②QAやTFを行った後に要約（まとめ方のヒントになる）
③そのまま要約
④要約に自分の考えを追加する（ほぼ自由英作文）

＊この④の取り組みは表現力向上に大変効果的で、詳しい実践はp.170～171でShort Presentation活動として紹介します。

## 要約の手順

①内容を理解する
②文章全体のメッセージ（トピックセンテンス）をつかむ
③文章中のキーワードをつかむ
④指定語数になるよう工夫する（削る、増やす、接続詞・代名詞など）

## 5-1　サマリー・ライティング

# サマリー・ライティング（summary writing）にトライ！

### 1　サマリー・ライティングとは？

- ●英語の文章を読み，その要点を「自分の言葉（英語）」で簡潔にまとめること
- ●大学やビジネスの場で特に求められる技能である（リサーチレポート，プレゼンテーション等）。
- ●「読んで書く」のように「複数の技能」を関連させてアップさせることは，日本の英語教育界で現在求められている（「技能統合」）。（自然な言語使用状況に近いため。）
  例）本で読んだことを他の人に話す（reading + speaking）

### 2　「サマリー・ライティング」の「目的」は？

①よくある思いや疑念

？「どうして読んだ内容をわざわざ英語でまとめるの？」
？「元の英文のポイントをそのままコピペするだけで良いのでは？」

②実は日本語でも日常生活でサマリー・ライティングを普通に行っている！

スマホやSNSでつぶやくとき，読んだニュースの記事の内容をそのままコピペはあまりしない。自分の言葉で言い換えて簡潔に表現しているのでは。（芸能人の結婚などの話題など）

### 3　「サマリー・ライティング」の「方法」は？

①英文の要点をとらえる（reading）

□文章の概要（gist）を把握する
□主題（main idea）と詳細（details）を分ける：重要な情報と削除可能な情報の仕分け

②自分の言葉でまとめる（paraphrasing）

□言い換えの重要性
アカデミックな文脈では，他人の文章をそのまま自分のものにするのは剽窃(plagiarism)である。
（海外の大学は非常に厳しい処罰の対象，日本でも厳しい目）

③英語で簡潔に表現する（writing）

□「圧縮率」に応じて書く語数を決める。
□圧縮率とは，元の文章と比べてどのくらいの割合に圧縮するか。
先行研究では25～75%くらいだが，30～50%くらいのことが多い。

### 4　「サマリー・ライティング」の「評価」は？

①内容（読んだ文章の要点の把握）
②言い換え〈量〉（要約のどれくらいの量が自分の言葉で表現できているか）
③言い換え〈質〉（どれくらい積極的に原文から言い換えできているか）
④言語使用（語彙，文法の誤りの数や文構造について）
⑤全体的な要約の質

（出典）山西博之「大学でのサマリー・ライティングの指導と評価」『英語教育』2015年12月号（大修館）を基に作成

# 04 リーディング&ライティング 問いをつくって答える

## 読んで終わらず問いをつくって英語で答える

英文の理解を図るために、教師が用意した問題に生徒が答える授業はいままでにも多く行われていました。

最近は、英語の問題を答えるだけでなく、生徒がお互いに英語の問いをつくって英語で答える実践も行われています（山本崇雄『「教えない授業」の始め方』（アルク、2019）参照）。

英問英答は、最近の大学入試２次試験でも増加中で、かなり長い英文を読んだ後に、長い英作文を書く出題もされています。

ただし、英語の問い（質問）づくりや、英問英答の行い方、パラフレーズ（言い換え）などに習熟している生徒はそう多くはないでしょう。

そこで、英問英答（質問づくり、英語での回答を含む）のやり方をまとめて、生徒に伝えやすくしたのが次の３つの資料です。

- （p.101）問いの作り方
- （p.102）英問英答（基礎）
- （p.103）英問英答（実践）

次の流れで行います。

①右のワークシートから、（　　）の中の文字部分を消して白抜きにする
　＊生徒に記入してもらいながら授業を進める
②ワークシートのポイント（下線部など）と具体例を一緒に見ながら、やり方を学ぶ
③教科書に加えて、高校入試や大学入試問題も活用して練習する

## 5-2 問いの作り方

### 英文を読んで「問い」の作り方（Question Making）

**1　質問づくり**

一口に「問い」と言っても，読んですぐ答えられる簡単な質問から，よく考えて自分の意見を述べる少し難し目の質問など，様々なレベルがあります。ここでは，学びがより「深くなる質問」（頭をたくさん使う）ができるように，質問作りの方法を専門書から学びましょう。**（参考）田中ほか編（2011）**

質問には，次の３つのタイプがあります。

（１）**事実発問**（書かれている内容をそのまま答えてもらう質問）　**【正確な理解を図る】**
（２）**推論発問**（書かれていない内容を推測して答えてもらう質問）　**【より具体的な理解を図る】**
（３）**評価発問**（英文に関する読み手の意見や考えを尋ねる質問）**【英文と読み手の関連づけを図る】**

＊（１）の「事実発問」は答えるのが比較的簡単です。読み取りの正確な理解にとどまらずに，より深い学びに導くには，（２）の「推論発問」と（３）の「評価発問」まで扱うことが大切です。
＊（２）の推論発問と（３）の評価発問を取り扱う効果は，次の通りです。
①理解をより具体的にする（より深く理解する）。
②異なる考えや意見を引き出し，インタラクションが活性化する。
＊ただし、（２）と（３）を作る際には、次のような３つのポイントを意識しましょう。
「テキスト内にヒントがある」「テキストの主題に関係する」「異なる意見や考えが出る」

**（１）事実発問(fact-finding questions)：**

英文テキストに「直接書かれている」内容を尋ねて，相手の正確な理解を図る問いです。
例）●直接尋ねる・・・「登場人物は誰ですか？」
●TF・・・・・・He is 13 years old.（T or F）
●要約文の空欄補充・・・He went to (　　　) when he was (　　　) years old.

**（２）推論発問(inferential questions)**

英文テキストには「直接書かれていない」ことを尋ねて，テキスト情報のより具体的な理解を図る問いです。
例）●「主人公はどんな気持ちか？」What do you think the main character felt then?
●「～のとき主人公はどのような表情だったと思うか？」How does the main character look?

**（３）評価発問(evaluative questions)**

英文テキスト内容をもとに，読み手自身の意見や考えを尋ね，テキストと読み手を関連付ける問いです。
例）●「主人公のとった行動についてあなたはどのように思うか？」
（自分の考えを述べ，本文を参考に理由を英語で自由に書いてみましょう。）
What do you think about the behavior of the main character?
●Ken's father is very strict.という質問に対して以下の立場と理由を答えてもらう。
➔□I think so (□I don't think so) because・・・・　.

**2　疑問詞疑問文の作り方**

疑問文を作るのを難しく感じている人もいるかと思います。ここでは、たとえばある部分（下線部）が答えの中心となる疑問文をつくりたいと思ったときのやり方をご紹介します。

Mike eats natto with his chopsticks every day.をもとに「疑問文の作り方３ステップ」を紹介します。

①「疑問文」にする（助動詞またはbe動詞を文頭に持ってきて）。
Does he eat natto with his chopsticks every day?
②下線部を「疑問詞」に変える。
Does he eat what with his chopsticks every day?
③疑問詞を「文頭」に持ってくる。
What does he eat with his chopsticks every day?

**（参考）埼玉県の瀧沢広人先生（現在，岐阜大学）より学んだ方法を参考に作成**

# 5-3　英問英答（基礎）

## 【基礎編】「英問英答」問題の対処法（要点まとめ）

### 1　英問英答とは？

英語の問題文に対して英語で答えるタイプの問題（日本語による説明や和訳ではない問題）

（1）従来の英語 QA 形式（書かれている箇所を特定すれば容易に解ける問題）

①Yes／No 疑問文・・・例）Does he study English every day?（Do you / Are you / Can you）

②Wh 疑問文・・・・・例）Who is that lady?　When do you practice baseball?

（2）今後増える（と予想される）QA 形式　＊「英問英答問題が全国で増えている」（大学関係者）

③広い範囲の情報を（　まとめて　）書く（これまでの「日本語による説明問題」を英語にしたもの）

●Why will wild chimpanzees lose their place to live?

④情報を根拠に（　推測　）して書く（答えが多様で Open Question や Inferential Question と呼ばれる）

●Guess why his father left Romania.（直接答えが本文には書かれていない）

⑤自分の（　考え　）と（　理由　）を書く（読む力（R）と書く力（W）の技能を統合させた問題）

●Do you have any ideas on how to have more visitors from overseas to Japan? Explain.

### 2　出題者が英問英答を通して見たい力とは？

（1）文中から適切な情報（答え）を（　見つける　）力（「読む力」）

（2）見つけた答えや自分の考えを正しく（　書く　）力」（正しいだけでなく Q に適切な形の A）

＊「読む」と「書く」という技能を統合した力（「考える力」も必要）

### 3　英問英答の原則【重要】

**（1）SV を持つ「（　文　）」の形で答える。**

①SV を入れることで，ていねいな文になる。

例）日本語でも「福山公園」と答えるよりは，「福山公園です」の方がていねい。

②SV のない形で解答しても正解の場合もあるが（例：Next to Fukuyama Park.），

基本的には，SV で答える原則に従って解答する。（この例文も SV を入れても間違いではない）

**（2）不要な（　反復　）を避ける。（代名詞，代動詞 do などを適切に使う）**

①反復を避け，できるだけ簡潔に答える。　＊（1）の考え方と矛盾はしない。

例）Does he study English every day?

×　Yes, he studies English every day.（下線部分が Q と同じ不要な反復）

○　Yes, he does.（これで十分）

②反復を避けるためにできるだけ（　代名詞　）を用いる。

ただし，「代名詞を使うと意味が不明瞭になる」ときは（例：解答文に男性が 2 人含まれる），誤解を避けるために，代名詞を使わずに明確に表現する（名前などの情報で）。

③場所，時を表す副詞は，there や then を使う（反復を回避するため）。

④代動詞の do, does, did, be を適切に使う。

例）Did she know his phone number?

×　Yes.

×　Yes, she did it.　（did がすでに know his phone number のすべてを表している）

○　Yes, she did.

**（3）質問文の（　動詞　）の形を尊重する。（同じ時制，完了形には完了形など）**

①問われた時制で答える。（過去形で問われたら過去形で答える。）

②一般動詞で聞かれているのに，be 動詞で答えない。

例）Who told you to come to school so early?

×　It's Akiko.　＊実際の会話では通じるが，英語の試験では誤りとされる。

×　It was Akiko.　＊実際の会話では通じるが，英語の試験では誤りとされる。

○　Akiko did.

③他

×　受動態で聞かれているのに能動態で答える

×　完了形で聞かれているのに過去形で答える

（参考）https://blog.goo.ne.jp/zakkalich/e/b723fa9e8821d4a37c7630c3cccb577c を参考に作成

※（　　　）内は授業前に消しておく

## 5-4　英問英答（実践）

# 【実践編】英問英答（「言い換え」のやり方）

（1）「言い換え」は英語で（　paraphrase　）と言う。
（2）パラフレーズとは，意味は（　**同じ**　）ままで，（　**別**　）の言葉で表現すること。
（3）実は，日本語でも（　**相手**　）や（　**機会**　）に応じて自然にパラフレーズしている。

**＊目上の人と話すときは，自然に表現を変えている。**
**例）「その塩取って」をいろんな場面に応じた言い方で言ってみよう！（家族、友人、上司）**

（4）英語でのパラフレーズも難しくない。「私は日本出身です」を３種類の言い方でトライしよう！

・（　I'm from Japan.　）
・（　I'm Japanese.　）
・（　I was born and raised in Japan.　）

（5）そもそもパラフレーズは，（　**論文**　）や（　**レポート**　）の約束事である。

「他の文献の内容を自分の論文やレポートに書く際には，引用部分を“　”にくくらない限り，パラフレーズして別の言い回しで使わなければならない」という約束事がある。
＊パラフレーズせずに全て“　”で引用するのは避けた方がいい（好まれないやり方）。
＊パラフレーズは剽窃（ひょうせつ）を避けるためである（内容のコピペは厳禁）。
＊パラフレーズをしても「出所」は明記する必要あり。

（6）他の試験でも「パラフレーズ」の技法はよく使われている。

例①）センター試験：長文問題の選択肢（本文中の言葉が言い換えられている）
例②）TOEIC：リスニングとリーディングで「単語」「熟語」「意味のまとまり」単位で言い換え
　例）coworkers（同僚）→（　colleagues　），get in touch with（連絡する）→（　contact　）

（7）英問英答問題でのパラフレーズのやり方

①答えが書かれている本文の「該当箇所を（　**特定**　）」する。（読解力が必要）
②該当箇所の英文を読んで「（　**意味**　）をつかむ」。
③意味を変えずに，「（　**別**　）の言葉」（自分なりの表現）に言い換える。（つまり，同義語，文体）
④該当箇所の英文と自作の英文で，同じ言葉が「（　**最小限**　）」になっているかを確かめる。
（厳密には，論文などで同じ言葉を使用する際には，引用符“　”を付ける必要がある。）

（8）パラフレーズする際の留意点（注意すること）

①書き言葉では，（　**話し言葉**　）レベルの表現はあまり使わない。
　例）日本語でもきちんとした文章を書くときには「僕」と言わず「私」とする。
　●And　→（　In addition　）／　●But　→（　However　）
　●So　→（　Therefore　）／　●Also　→（　Moreover　）
②同じ表現を近くで乱用しない（「つまり」の意味で Therefore ばかりは×，日本語より厳格）
③パラフレーズがうまくなるには「パラフレーズノート」で「使える表現」を増やす。
④「（　**英英**　）辞典」や「英語（　**類語**　）辞典」は「言い換え」を学ぶのにとても使える！
　例）important➔meaningful（意味のある）、leading（主だった）、valuable（価値のある）

（9）「同義語」（synonym）を使って表現を増やそう！

①（　**接続詞**　）・副詞」を言い換える
　例）しかし：but / however / on the other hand　例）つまり：in other words / in brief
②「（　**動詞**　）」を言い換える
　例）expect ➔rely, depend,（当てにする）/ imagine, guess, suppose（思う）
③「（　**熟語**　）」を言い換える
　例）find out（～を見つけ出す）→discover / think over（～についてよく考える）→consider
④（　**文構造**　）を変える（必要に応じて能動態→受動態など）

※（　　　）内は授業前に消しておく

# 05 スピーキング&ライティング トリオ・ディスカッション

## トリオ・ディスカッションとは？

３人で３分間で行うディスカッションを「トリオ・ディスカッション」と呼んでいます。コツは、ディスカッションで英語を話すたびに点数が加算されるシステムです（意見文は２点、I see.などのコメント文は１点など）。＊点数が入る基本表現例はp.106のワークシート参照。

目的は、スピーキングとライティングの流暢性の育成で、基本的な流れは次の通りです。

①お題を知る（教員が板書・提示する）
②３人１組になる（毎回メンバーを替えてもよい）
③トリオ・ディスカッションをする（３分）
④ライティングをする（３分）（p.107のワークシート）

トリオ・ディスカッションには次のようなメリットがあります。

- ディスカッションを通してスピーキング力（やり取り）がアップする（英語が苦手な生徒でも、Let me try first.など使いこなせる）
- ディスカッションを通してほかの人からアイデアを得られる
「ほかの人のアイデアや表現を自分のライティングに取り入れるか」を尋ねると（高２生：２６人）、７割（１８人）が○、３割（８人）は×だった。
- 英語が苦手でも、本気で取り組むとかなりの語数を書けるようになる（各グループの得点や平均、書いた作品を全体で共有するとよい）

続いて、トリオ・ディスカッションのポイントと留意点は次の通りです。

- 基本表現例はいきなり示さない。数回たって生徒が表現を知りたくなってから導入したほうが効果的（最初から示す際も、表現を限定する）
- ディスカッションは実技試験を設定するとさらに本気で練習する

## ディスカッションはアイデア創出にも役立つ

「訪日外国人旅行者が増加中。彼らの日本での体験をよりよくするには、私たちに何ができるか」というアイデアが必要な問いや、賛否に分かれる問いがあります。こうした問いの際は、いきなり書くより、「書く前にディスカッション」をして意見創出するのがおすすめです。

たとえば、生徒は次のように感想を書いています。

- ほかの人の意見を聞いて、「確かにそうだな」と思ったり、自分では思いつかないアイデアがあったりしたら、取り入れて書く
- 人の意見を取り入れたほうが自分の理由や根拠の内容が濃くなる
(その意見のほうがしっかりした根拠だった場合)

## ディスカッションでの「困難点」は？

以下は、生徒が感じるディスカッションの困難点です。

- 意見に関する困難点（持論を持ちにくい、あっても英語にできない）
- 会話の継続に関する困難点（意見を言っただけで終わり、続かない）
- 単語・語彙に関する困難点（単語だけになる、単語が出てこない）
- リスニングに関する困難点（相手の言うことがわからない）
- 理由付けに関する困難点（説得力のある内容や根拠が難しい）
- その他の困難点（反論、妥協点、まとめなどが難しい）

続いて、以下の点が成功の秘訣です。

- 話が続きやすい形式にする（逆の立場で反論したり質問したりする）
- 話しやすい雰囲気づくり（アイコンタクト、反応、共感）
- わかりやすくする（簡単な英語、ジェスチャー）
- 議論の中身を充実する（広からニュースに関心、意見、反対意見）

## 3人でやり取りを続ける！「トリオ・ディスカッション」

【1 内容】：下のディスカッション表現を使いつつ，３人でディスカッションを楽しむ（3分）。
【2 目的】：３人で話をすることで，自分１人のときよりも「深い」「多様な」考えに到ることを目指す。
【3 方法】：①３人になる。②トピックを知る。③立って会話する。（紙の□に✔しつつアイコンタクトも）。
【4 注意】：①３人がバランスよく（時間）話す。②相手の意見と関連させて話す。③Nice talking. でお別れする。

Date

◆Useful Expressions for Discussion 【第１発言３点／意見２点／コメント１点】

| 使用場面（機能） | 使用表現（１フレーズ１点，ただし①で先導した人は３点！） | ① | ② | ③ | ④ |
|---|---|---|---|---|---|
| | | / | / | / | / |
| 1 開始 | □①Let me try〔go〕, first.【挙手しながら！】 3点！ | | | | |
| | □②Will you go first?（あなたから始めてくれる？） 1点 | | | | |
| 2 意見 | □③I think ～ because ・・・. 2点 | | | | |
| | □④In my opinion（私の意見では），～ 2点 | | | | |
| | □⑤As far as I know〔hear〕, ～（私が知る限りでは～） 2点 | | | | |
| 3 賛成 | □⑥I agree with you because ～. 2点 | | | | |
| | □⑦I like your idea. （Your idea is nice.） 1点 | | | | |
| | □⑧You're right.（あなたの言う通り）（Exactly.） 1点 | | | | |
| 4 反対 | □⑨That may be so〔I respect your opinion〕, but I think ・・ 2点 | | | | |
| | □⑩I'm afraid I don't agree with you. （I don't think so.） 1点 | | | | |
| 5 質問 | □⑪Excuse me, can I ask you a question? 1点 | | | | |
| | □⑫Why do you think so? 1点 | | | | |
| | □⑬Could you give me an example〔a reason〕?（例を出してくれる？） 1点 | | | | |
| | □⑭What do you think about my opinion?（～についてどう思う？） 1点 | | | | |
| 6 つなぐ | □⑮Who's next? （→I'll be next.） 1点 | | | | |
| | □⑯Do you have any ideas? 1点 | | | | |
| | □⑰You said that ～, but〔and〕・・・? 2点 | | | | |
| 7 結論 | □⑱For these reasons,～（このような理由で） 2点 | | | | |
| | □⑲In conclusion, ～（結論は～） ＊In summary,～.（要約すると） 2点 | | | | |
| | □⑳Please let me finish.（最後まで言わせて） 2点 | | | | |
| | （各自記入） 合計点 | | | | |

◆Reflection（できるだけ毎回メモをして自分なりの学びを蓄積していこう！メモの量＝自分の成長）

（1）ディスカッションをより良くするために有効な工夫は？
・
・
・
・

（2）英語で言いたかったけれど言えなかった表現は？（下に書いて調べておこう）
・
・
・
・

Class（ - ） No.（ ） Name（ ）

## 5-6 トリオ・ディスカッション②

①3- Minute Writing ( Write your opinion about the discussion question.)
Discussion question : ______________________

( ) words

②3- Minute Writing ( Write your opinion about the discussion question.)
Discussion question : ______________________

( ) words

③3- Minute Writing ( Write your opinion about the discussion question.)
Discussion question : ______________________

( ) words

④3- Minute Writing ( Write your opinion about the discussion question.)
Discussion question : ______________________

( ) words

Class ( - ) No. ( ) Name ( )

# 第6章

# パフォーマンス課題づくり

# 01 パフォーマンス課題とは

## 「筆記」試験だけでなく「実技」試験を

第６章では、パフォーマンス課題について考えます。

今後の実践では、以下のように「多面的・多角的評価」が重視される方向性です。（「中学校学習指導要領・総則」より）

> 資質・能力のバランスのとれた学習評価を行っていくためには、指導と評価の一体化を図る中で、論述やレポートの作成、発表、グループでの話合い、作品の制作等といった多様な活動を評価の対象とし、ペーパーテストの結果にとどまらない、多面的・多角的な評価を行っていくことが必要である。（下線は引用者）

次にパフォーマンス評価の意義とは何かを確認しておきましょう。

> パフォーマンス評価の基盤には、「真正の評価」論の考え方があります。「真正の評価」論とは、テストのために特別に設定された状況ではなく、現実の状況を模写したりシミュレーションしたりした課題に取り組むことの重要性を強調するものです。「真正の評価」論に裏付けられたパフォーマンス評価を用いることで、学習者に学習していることの意義を伝えるとともに、現実的な課題解決のプロセスで必要になるような質の思考力や実践力を身につけさせることが期待されます。

出典：西岡加名恵編著『資質・能力を育てるパフォーマンス評価』（明治図書、2016）はじめに

つまり、パフォーマンス評価の意義とは、できるだけ社会に近い課題に取り組むことで、社会に必要な力を身につけ、学習の意義が伝わりやすいということです。

続いて、（西岡、2017）を参考に、パフォーマンス評価や課題のポイントを概観します。

①パフォーマンス課題の例

論述、レポート、発表、グループでの話し合い、作品の制作に加えて自由記述式のテスト、実技テストや研究論文などです。

②パフォーマンス評価とは何か

「仕事や生活などリアルな状況に類似した状況で知識・技能を使いこなす能力を評価するもの」とされています。

③パフォーマンス課題を具体的にする６つの要素

1 パフォーマンスの「目的」
2 学習者の「役割」
3 パフォーマンスの「相手」
4 想定されている「状況」
5 生み出すべき「作品」
6 評価の「観点」

たとえば、「受動態を使って自分が好きなものを紹介しよう」というお題は次のように提示すると、生徒は書きやすく取り組みたくなります。

| ALTの●●先生は日本に興味があり、中高生の生活や考えについてもっと知りたいと思っています。そこで、各自が好きなものを紹介し、それを冊子にまとめてプレゼントしたいと思います。みなさんの紹介文が彼の日本観をつくることになります。ほかの人と重なりにくいテーマで紹介してあげるとすると、どんな内容を紹介してあげたいですか。 |
|---|

ポイントは、「ありそうな（役立ちそうな）」、「興味を持ちそうな」、「ほかの人と異なる内容」が課題だと明らかにすることです。

このように、ただ自由英作文を書くよりは、工夫したお題で英作文をし、さらにそれをスピーキングでプレゼンする実技テストを実施すると、英作文の本気度・質ともに高まります。

# 02 パフォーマンス課題を位置づけた単元構成

## 本文の内容理解と音読練習で終わらない

単元構成は、本文の「内容理解」と「音読練習」で終わらないように注意します。「内容理解」をもとに各自でさらに内容を深め・広げて、自分の「考えを形成」し「表現」する構成にするにはどうしたらいいでしょうか。

### ①単元の型を固定化（焦点化）してみる

力をつけるために、「同じ」ような活動を「別の」レッスンでもレベルを上げつつ繰り返す方法があります。（以下がその基本型です。）

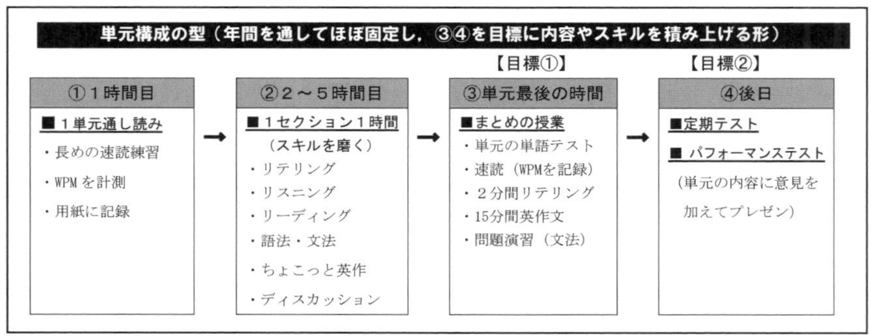


### ②単元のゴールを最初に示す

たとえば、あるレッスンでは、次のような「単元最後のゴール」を「最初に」生徒に示して学習を開始しました。

「バイオミミクリー」とは何ですか。また、なぜいまそれに注目する必要があるのですか。さらに、あなたがバイオミミクリーの例を１つ企業に提案するなら、どのようなものを挙げますか。使い方や効用も含めて５０～８０語程度の英語で書いてください（アイデアのイラストも添えること）。

「実社会や実生活とつながり、思考力や創造性、表現力を伸ばす課題」を最初に伝えて、単元の目標や見通しを与え、主体性を引き出します。

表現活動には、単元の２つの要素を入れるとよいでしょう。

ア）Summary（本文の要約）：学習のまとめ

イ）Something new（意見、体験、新情報）：ほかの人との違い

### ③単元全体で「深い学び」を目指す

深い学びを実現するには、「ICEモデル」（スーほか、2013）が参考になります。学習を３段階で示し、動詞に特徴があります。

| I＝Ideas（考え・知識） | □暗記する　□列挙する　□定義する |
|---|---|
| C＝Connections（つながり） | □比較する　□推論する　□解釈する |
| E＝Extensions（応用・広がり） | □提案する　□評価する　□創造する |

### ④「目標・テスト・授業」を一体化する

授業で重視するものは、評価でも重視するとよいでしょう。その際は、目標を考える→テストをつくる→実際に指導するという順がよいでしょう。

ア）【目標】生徒に「アイデアを踏まえたプレゼン力をつけたい」

イ）【テスト】それを測るパフォーマンステストをつくる

ウ）【授業】それに向けて授業で練習する

テスト日時は授業予定表であらかじめ告知しておきます。生徒はテストまでに逆算して準備ができます。学年を複数教員で担当しても、最初からテスト内容を共有しておくと、同じ目標を共有しているので、指導がぶれません。

# 03 「目的・場面・状況」のポイント

## 状況設定のポイントは「目的・場面・状況」

あるお題を与えて「書きなさい」という指示だけでは、何のためにだれに書くのかが不明で、正確に伝わらない可能性があります。

そこで、「だれに」（audience）、「何のために」（purpose）、「どんな媒体・手段」（media）で伝えるのか、「目的・場面・状況」などの設定が重要になります。それらが異なれば、伝える内容や表現も異なるからです。

言語活動やテストの際は、実際の生活でもあり得そうな、または生徒が今後出会うことになりそうな場面設定をしましょう。これは、コミュニカティブ・アプローチの流れです（Ann Raimes, 1983）。

## よくある例と改善例を比較する

たとえば、「わが町の紹介文を書きましょう」という漠然としたお題を、「相手」「目的」「媒体」を入れた、次のような課題に工夫します。

> 1か月後、このクラスにカナダから留学生が来ることになりました。彼女にわが町のおすすめの場所を事前にメールで知らせてあげましょう。まず、すすめたい場所を各自1箇所ずつ選び、その場所の特徴やおすすめのポイントについて友達同士で情報交換をしてみましょう。
>
> 友達から新たな情報が得られた場合はそれも含めて、メール文を書いてみましょう。

出典：平木裕、２０１８年8月２１日講演資料

## 6-1　状況設定のヒント集

# 状況設定のヒント集

### 1　中学校外国語の目標（新学習指導要領「目標」より）

（2）コミュニケーションを行う目的や場面，状況などに応じて，日常的な話題や社会的な話題について，外国語で簡単な情報や考えなどを理解したり，これらを活用して表現したり伝え合ったりすることができる力を養う。

＊目的や場面，状況を意識して実際に使用することで思考力，判断力，表現力を育成する
（言語の適切な使用に不可欠）

・目的＝コミュニケーションを行うことによって達成しようとする目的
・場面＝話し手や聞き手を含む発話の場面
・状況＝コミュニケーションを行う相手との関係性やコミュニケーションを行う際の環境

### 2　状況は7項目の設定がカギ

「誰が」，「誰に向かって」，「いつ」，「どこで」，「何のために」，「何について」，「どのように」「様式」の7項目を設定すれば，十分に自己表現できる。

（参考）『英語教育学体系第10巻』（p.117）

### 3　目的や場面，状況設定に役立つ資料

| 相手 | □友達　□家族　□先生（ALTを含む）□英会話学校の先生　□文通相手 |
|---|---|
| 状況設定 | □季節の挨拶状　□ホームステイにまつわる手紙　□家族や親戚，友達に近況を伝える手紙　□旅行先からの手紙　□ファンレター　□留守電を聞いて返事をメールで送信　□新聞に投稿　□留学中の授業　□海外旅行中（観光地）□英会話学校　□ALTや留学生 |
| （伝達）手段 | □メール　□手紙　□日記　□レポート　□スピーチ原稿　□発話　□映像や音声　□ニュースや新聞記事　□図表　□ポスター　□パンフレット |
| 日常的な話題 | □家庭生活　□学校での学習や活動，行事　□部活動　□地域の行事　□休日の過ごし方　□趣味や好き嫌い |
| 社会的な話題 | □環境問題　□世界情勢や平和　□人権問題　□科学技術の発達　□自然との共生　□社会貢献 |
| 特有表現がよく使われる場面 | □自己紹介　□買い物　□食事　□道案内　□旅行　□電話での対応　□手紙やメールのやり取り |
| 関心のある事柄 | □スポーツ　□音楽　□映画　□テレビ番組　□行事　□休日の計画　□日常の出来事　などの共通の話題 |
| 言語の働き | **【コミュニケーションを円滑にする】**<br>□話しかける　□相づちを打つ　□聞き直す　□繰り返す<br>**【気持ちを伝える】**<br>□礼を言う　□苦情を言う　□褒める　□謝る　□歓迎する<br>**【事実・情報を伝える】**<br>□説明する　□報告する　□発表する　□描写する<br>**【考えや意図を伝える】**<br>□申し出る　□約束する　□意見を言う　□賛成する　□反対する　□承諾する　□断る　□仮定する<br>**【相手の行動を促す】**<br>□質問する　□依頼する　□招待する　□命令する |

（出所）『中学校学習指導要領解説』に著者の考えを加えて作成

# 04 学年別パフォーマンス課題例

## 「読みたい」「書きたい」課題にする10の工夫

以下の１０の工夫を取り入れた課題例は第７章で紹介します。

**（1）お題を工夫する**

①目的・状況・相手を入れる
「人は好きなことでつながる。好きなことを紹介して仲間を増やそう」

②人によって異なる内容にする（読みたくなる）
「人生で最も困難な選択は？／叱られた経験は？／レアな体験は？」

③自己選択できる
「次の３つからどれに取り組みたい？」

④リアルな課題解決策を創造・提案する
「～のためにあなたはどんな製品を提案する？」

⑤好きなこと・自由さを入れる
「旅行業者からパンフレットを集めて、夢の１日旅行を計画しよう」

**（2）書いた後の目的を示す**

⑥後で掲示にする／作品集にする
「英語で詩（修学旅行新聞）をつくろう。作品は廊下に掲示します」

⑦後のスピーチ発表や実技テストで使う原稿とする
「自分の夢を書いて、みんなで夢スピーチ大会をしよう」

⑧コンテストに応募する

**（3）到達点を明確にする**

⑨モデルや使用できる表現を示す

⑩評価基準（と規準）を事前にルーブリックで示す

## 6-2 パフォーマンス課題

| No. | 学年 | パフォーマンス課題 | 技能 |
|---|---|---|---|
| 1 | 中1 | 自分自身を「自己紹介」してください。好きなものを紹介して友人を増やしましょう。 | W・S |
| 2 | 中1 | 「私が紹介したい人物」というテーマで「他者紹介」をしてください。 | W・S |
| 3 | 中2 | 未来の表現を使って「あなたの夢」を熱く語ってください。夢スピーチです。 | W・S |
| 4 | 中2 | ALTの先生に1分間で「自己紹介」をして，あなたについてよく知ってもらってください。その後，ALTの先生から内容に関連した2問の質疑応答に答えてください。 | W・S・L |
| 5 | 中2 | 「入国審査のやり取り」をします。教員が係員を，皆さんは旅行者を務めます。審査官は陽気で，いろいろな質問を投げかけてきます。入国審査でよく使われる表現に加えて，あなた自身についてうまく説明できるようにして，無事海外旅行に出かけてください。 | W・S・L |
| 6 | 中1<br>中2 | この1年間であなたが学んだことや出来事を「英語新聞」にまとめましょう（30行程度）。完成した作品は下級生の廊下に掲示して「1年後の憧れの姿」を示します。 | W |
| 7 | 中3 | あなたの大切なものや好きなものについて，実物を示しながら10文程度でShow&Tell方式で紹介してください（できるだけ受動態と現在完了を使ってみてください）。 | W・S |
| 8 | 中3 | 修学旅行で最も印象的な場面を一つ紹介してください。できた修学旅行作文は新聞形式にまとめて後輩にも渡し，翌年の研修内容プログラムの参考にします。 | W・S |
| 9 | 中3 | Dream Book（夢文集）を作りましょう。中学3年間の思い出（過去）と，自分の夢やしたいこと（未来）を入れて熱く語ってください。文集は全員分を製本して配付し，発表会を開いて夢について語り合います。 | W・S・L |
| 10 | 高1 | ●●（単元名）を読んで，あなたが「感銘を受けた部分」や「今後の人生に生かしたいと思う部分」はどこですか。あなたの経験や今後の生き方とどう関連しているのかについて，1分間でプレゼンテーションをしてください。 | W・S |
| 11 | 高1 | L.●で，Dr.Kantoが大変困難な決定（決心）をしたように，人は人生で大きな決断を迫られることがあります。あなたにとってのthe most difficult decision you have ever made in your lifeは何ですか。できるだけ自分に向き合って具体的に紹介してください。 | W・S・L |
| 12 | 高2 | 「バイオミミクリー」とは何ですか。また，なぜ今それに注目する必要があるのですか。教科書の内容に基づいて簡潔に説明してください。さらに，あなたがバイオミミクリーの製品を1つ企業に提案するとしたら，どのようなものを挙げますか。使い方や効用も含めて，1分間で提案してください。（イラストも添えてください）。 | W・S |
| 13 | 高2 | 3人で3分間のグループディスカッションを行います。目的は，自分1人のときよりも「深い」「多様な」思考内容に到ることです。トピックは初見のものとし，当日くじで決定することにします。当日までは類題で授業の中で練習を続けます。その際，すでに配付している「ディスカッションでよく使う表現集」に習熟しておきましょう。 | S・L |
| 14 | 高2 | 海外修学旅行を通して「私が学んだことで後輩に伝えたいこと」について発表してください。本校の修学旅行プログラムは毎年見直しているので，今回の皆さんの発表内容は後輩が参考にするとともに，次年度の内容を考え得る貴重な資料にもなります。 | W・S・L |
| 15 | 高2 | 「おススメの英語学習法」を発表し合って学び合いましょう。あなたが実際に取り組んでいる方法の中で，「これは自分にとってかなり効果があった」と思うものを，同級生（や後輩）を対象として具体的に紹介してください。たとえば単語や表現の暗記の仕方，文法学習の方法，4技能の伸ばし方，英語日記，時事英語などについてです。 | W・S |
| 16 | 高3 | L.●でJane Goodallは，若者たちと地球環境を守る活動に取り組んでいることを学びました。その3つの活動形態（“help people”，“help animals”，“help the environment”）のうち，あなたはどの活動を行いたいですか。本校ESD（持続可能な開発のための教育）の取り組みの参考にしたいと思うので，できるだけ「どの活動に」，「どのように」取り組みたいのか，具体的に説明してください。 | W・S・L |

# 第7章

# パフォーマンス課題の実践事例

# 01 夢の１日をプランニングしよう！

## パフォーマンス課題とポイント

学年：中学２年

使用言語材料等：未来表現（will, be going to ）

| あなたの夢の一日とは？　世界中のどこかで一日過ごせるとしたらどんな一日を送りたいですか。ここに世界各国の旅行パンフレットを集めてあります。必要なものはさらに自分で調べることもできます。好きな情報を使って夢の一日プランをつくりましょう。（未来表現） |
| --- |

**【課題づくり・実践のポイント】**

この課題のポイントは、「自分の好きなこと」に取り組める（⑤）ことです（以下、第７章の本文中の丸括弧内で示す丸数字はp.116で列記のもの）。この課題を楽しく、しかも実社会に結びつけたものにするために、教師は事前に、旅行業者に事情を説明して古い旅行パンフレットをたくさんもらっておきます。生徒はたくさん並べられたパンフレットの中から好きな国を選んで、何をするのか考えます。

時間があれば２泊３日のプランにするとさらに考えることが増えて、自由度が増します。

生徒がつくったプランは、冊子にしたり、パソコンでつくってプロジェクターに映して発表会をしたりするとみんなでより楽しめます。

本当の計画表だと実際は現在形で書くことが多いかと思いますが、学習ということで、未来表現を使って書くようにしています。

# 私の「夢の一日プラン」★

**【Step 1】 やり方を知ろう☆**

①あなたの夢の一日とはどんなものですか。夢の一日プランを作りましょう。(5文～7文で)
②まずは，あなたが過ごしたい「**夢の場所**」(**どこにいるか**)を考えてください。(例：ハワイ)
③次に，「**すること**」と「**時**」を考えます。(例：「朝9時にビーチで起床」
④「**すること」の表現は**，be going to ～「**～するつもりだ**」を使います。(例：I' m going to get up in the beach.)
④「**時間**」**は，at～で表します**。(例：I' m going to get up. at 9:00 on the beach.)
⑤「すること」の表現では，be going to～だけでなく，want to ～「～したい」を使ったり，
because「なぜなら～だから(理由)」も加えると，**よりイキイキした文**になります。

**【Step 2】** ノートに，やりたいことを書いてみよう(日本語)　～マッピング～

**【Step 3】** マッピングした情報をもとに，ノートに英文を書いてみよう。

例）I am in ( Hawaii ) 私は(ハワイ)にいる

| Time | Plans (Please specify. 詳しく) ＊できるだけ具体的に |
|---|---|
| 9:00 | I'm going to get up at 9:00 on the beach. |
| 10:00～ | Then I'm going to swim in the beautiful sea from 10:00～12:00. |
| 12:00 | I want to eat a big steak with beer for lunch at 12:00. |
| 午後 | I will visit a big volcano in the afternoon. |
| 夜 | At night, I'm going to go shopping and sleep at the Rich Hotel. |

**(便利な表現①) 自分の「したいこと」**

☆ 起きる wake up ☆来る come☆ 写真をとる take a picture (☆起きる get up ☆テレビを見る watch TV ☆寝る go to bed☆勉強する study☆～を食べる eat ☆～がほしい want☆～を読む read ☆～を手伝う help ☆～を書く write を楽しむ enjoy ☆を作る cook ☆～を掃除する clean ☆話す，しゃべる speak

**(便利な表現②) 自分のプランを立てるとき**

① be going to ～「～するつもりだ」 ② because＋文 「なぜなら～だから」 ③ I want to ＋動詞「私は～したい」 ④ I will＋動詞 「私は～するだろう」(未来の予定) ⑤「～時から・・時まで」from ～to・・

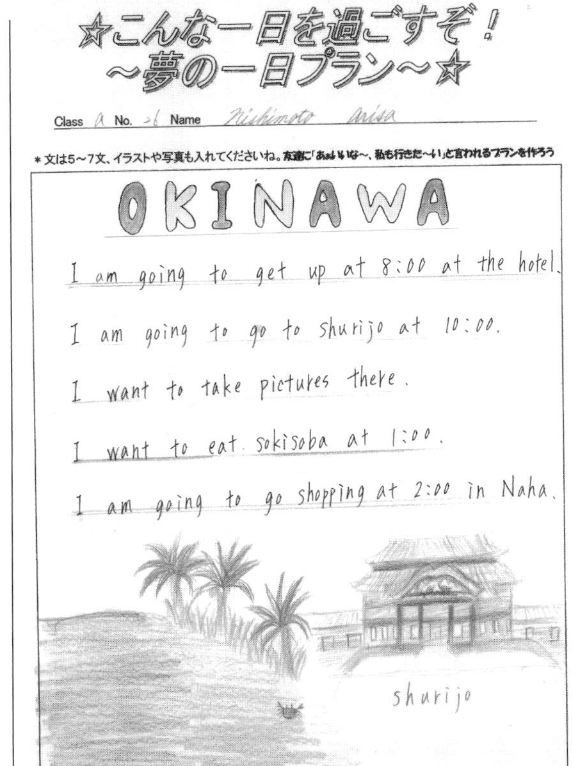

☆こんな一日を過ごすぞ！
～夢の一日プラン～☆
Class A No. 26 Name Nishimoto Arisa
＊文は5～7文、イラストや写真も入れてくださいね。友達に「あぁいいな～、私も行きた～い」と言われるプランを作ろう
OKINAWA
I am going to get up at 8:00 at the hotel.
I am going to go to shurijo at 10:00.
I want to take pictures there.
I want to eat sokisoba at 1:00.
I am going to go shopping at 2:00 in Naha.
shurijo

# 02 学校のウェブサイトをつくろう！

## パフォーマンス課題とポイント

学年：中学２年

使用言語材料等：指定なし（過去形、受動態など）

| 教科書でHP（website）を通した学校紹介について学びました。実はみなさん、知っていますか？　私たちの学校は海外との交流がありながらも、学校のHPには「英語版」がありません。そのため外国から来る人が学校のサイトで私たちのことを知ることができません。そこで校長先生からのお願いです！　ぜひ、学校のHPをつくってください。部活動や行事など、自分が興味があるテーマでお願いします。それを学校の英語版サイトに載せたいと思います。よろしくお願いします。 |
|---|

**【課題づくり・実践のポイント】**

この課題のポイントは、「学校に英語のウェブサイトがないのでつくってほしい」というリアルな課題解決（④）であり、後で実際に学校のウェブサイトに掲載される（⑥）ということです。

しかも、生徒は自分の興味があるテーマ（トピック）で書くことができるので（自己選択）、書くことにより主体的になります。

英語版のウェブサイトづくりでは、ほかの学校ですでに作成しているものを例として示すと、どのように書けばいいのかわかりやすくなります。

Home☆Page
Brass・Band
This picture is brass band's contest.
(この写真はブラスバンドのコンサートのです。)
There are 30 students in this club.
(このクラブには30人の生徒がいます。)
we got a gold prize.
(私達は金賞をとりました)
this prize is the best.
(この賞は最も良い☆です)
I was very happy when
(私はうれしかったです、
we got the prize.
私たちがその賞を取ったとき。)
I want to get a gold prize
(私は今年も金賞を取りたいです!!)
this year, too!!
Let's enjoy it♥
February, 27th, Sunday…
メニュー④ 自己表現☆

# 03 修学旅行新聞をつくろう！

## パフォーマンス課題とポイント

学年：中学３年

使用言語材料等：指定なし

| 修学旅行の思い出を新聞にしましょう。つくり方は別紙を参照してください。できた作品は、まとめて修学旅行文集（冊子）にして英語学習の思い出になります。 |
|---|

**【課題づくり・実践のポイント】**

行事は、文化祭や体育祭などありますが、とくに修学旅行は課題の題材とし、できれば中学校の集大成として、生徒にベストの新聞づくりを体験させたいものです。そのために、全体としては「１５文」でよいと言いつつ、「全国には６０文書いた中学生がいるらしいよ！　みんなはどうする？！」と生徒の挑戦心を多少あおって（？)、こだわってよいものをつくるきっかけとなるようにします。

完成した作品は、修学旅行文集にする（⑥）と決めておけば、生徒はよりこだわってつくります。また、パソコンでの作成も生徒に促せば、実社会で必要な力の育成にもつながります。

修学旅行新聞では、生徒が書きたいけれど書けない表現は予想しやすいので、事前に示しておくと、修正等が短時間で済むでしょう。(右のワークシート参照。)

# 7-1 修学旅行新聞を作ろう！

**【保存版】修学旅行新聞を作ろう！（書き方＆表現集のお助けシート）**

**1. 写真と文章で構成された修学旅行新聞を作ります（A4 の大きさ）。**
文章は，15 文程度で構成します。（1 日 2 文だと 1 週間で完成）
（ちなみに，島根県の中学生で 60 文という記録も！さて皆さんは？）

School Trip

**2. 書く量が多いので，いきなり英文で書き始めることはしません。**
まずは枝分かれ図（マッピング）で内容をメモをしましょう。〔日本語可〕

- 長崎に行った
  - 平和公園
    - 像が大きかったー平和と戦争の恐怖を表していた
    - とてもきれいだったーみんなの努力が分かる
    - アイス屋さんがあったー暑かったので，おいしかった
  - タクシー研修
    - ペンギン水族館に行ったー初めてあんなに近くで見た
    - 福山雅治の家に行ったー感動した
    - 中華街に行ったー中国人はいなかったような・・

**3. 上記メモには，「事実」だけでなく「感想」を書きます。**
例）「事実」：スペースワールドのタイタンに初めて乗った。 SVO
「感想」：心臓が飛び出そうな程恐かった。でも，それがやみつきになった。SVC

**4. そのメモの最後に，（1）（2）（3）の番号を書きます。**
（1）「一般動詞」を使えば英語で表現できそうな日本語（「事実」を述べる文に多い）
（2）「be 動詞」を使えば英語で表現できそうな日本語（「感想」を述べる文に多い）
（3）「存在（there is 構文）」に関する表現（～がある，～がいる）

**5. ここまでできてから英文作成に取り掛かります。**
構成がほとんどでき上がっているので，とてもスムーズに進みます。

**6. その他 ～ 英作文より「英借文（えいしゃくぶん）」の精神で！！～**
- 作品は，まとめて修学旅行文集（冊子）にし，中学英語の記念とします。
- 写真は何枚使っても OK です。焼き増しやカラーコピー等をしておいてください。
- トップに，Our School Trip（タイトル～自分で考えて OK）・〇〇JHS（学校名）・クラス・名前・年十月を書きます。
- 英語プリント，友達の表現や辞書などから，使えるものをどんどん使いましょう。
- 作品は，評価に入ります。かなり大きいです。気合入れていいものを創りましょう。

**（1）「事実」の文で使える表現集**

□ 修学旅行 school trip □ おみやげ souvenir □ 旅行のしおり guide for trip □ ～を見にタクシー（研修）で行った We went to see ～ by taxi □ 添乗員 tour conductor □ 新幹線 bullet train □ ペンギン水族館 the Penguin Aquarium □ 長崎平和公園 Nagasaki Peace Park □ カステラ Castella / sponge cake □ グラバー園 Glover Garden □ （３つの）ハートストーン （three） heart stone □ オランダ坂 the Dutch Slope □ ～に乗った rode on ～ □ ３つの乗り物に乗った took three ride(s) □ 阿蘇ミルク牧場 Aso Milk Farm □ バター butter □ ビンを振る shake a bottle □ バーベキューをした had a BBQ □ ヤギとヒツジ goats and sheep □ ～に登った climbed ～ □ 写真をたくさん撮った took a lot of pictures □ ～に泊まった stayed at ～ □ ～を訪れた visited ～ □ AとBとC A, B and C □ ハンバーガー a hamburger □ 修学旅行で九州に行った We went to Kyushu on the school trip □ 最高の場所は～ The best place was ～ □ 2 番目に最高の場所は～ The second best place was ～. □ 初めて～した ～ for the first time □ シャツが濡れた My shirts got wet □ それは～の味がした It tasted like ～ □ 景色 view □ ビンゴをした had a Bingo game □ ～があった There was (were) ～

**4. 短い英文から高級な英文に変える表現（「時の流れ」「文を続ける」表現）**

□ 私は～，なぜなら・・・ I～ because ・・・ □ ～した時，・・だった。 ・・・when ～ □ 初日は～On the first day, ～ □ 2 日目は～ On the second day ～ □ 3 日目（最終日は）～ On the last day ～ □ しばらくして after a while ( some time later )

**5.「感想」の文で使える表現集**

□I like ～ 私は～が好きだ。 □I didn't like ～ very much. 私は～があまり好きではなかった。 □I hate ～ 私は～が嫌いだ。 □I enjoyed ～ very much. ～はとっても楽しかった。 □It was ( very ) interesting. （とても）面白かった。 □It was ( a lot of ) fun. （とても）楽しかった。 □It was ( very ) funny. （とても）笑えた。 □It was boring. 退屈だった。 □It was ( very ) [ delicious / good ]. （とても）おいしかった。 □It wasn't so bad. そんなに悪く／まずくはなかった。 □It was terrible.最悪だった。 □I had a ( very ) good time. （とても）楽しい時間を過ごした。 □I want to ～ **ウォントゥ** 私は～したい。 □I don't want to ～. 私は～したくない。 □I wanted to ～. 私は～したかった。 □I didn't want to ～. 私は～したくなかった。 □I was glad to ～. 私は～して嬉しかった。 □I was sorry to ～. 私は～して残念に思った。 □I was angry.**アングリー** 私は腹が立った。 □I was sad. 私は悲しかった。 □I was disappointed. **ディサポインティドゥ** 私はがっかりした。 □I was shocked.**ショックトゥ** 私はショックだった。 □I was embarrassed. **インバラスドゥ** 私は恥ずかしかった／どぎまぎした。 □I was nervous. **ナーバス** 私は緊張した。 □How ～！<How nice !(なんて素敵なの！)>なんて～なんだ！ □What ( a ) ～！ なんて〇な□なんだ！ What a beautiful picture !

（参考）田尻悟郎『生徒がぐーんと伸びる 英語科自学のシステムマニュアル（明治図書）』

~ALL NEWS WITHOUT FEAR OR FAVOR~

# The School Event Times

## Today

• **Feature on school trip of JHS.**

The students went to Kyushu on June 1st, 2nd and 3rd.

## The school trip of the third year students

***They went to Nagasaki, Aso Kumamoto, and Kokura Kita-Kyushu in Kyushu region.***

**The first day**

Students had a school trip on June 1st 2nd and 3rd.They visited Nagasaki city in the first day. They took the bullet train from Fukuyama to Hakata, and changed the train for the local line express. They arrived in Nagasaki station at 13:53.

This city has about 400000 people and long coast, so this city has a lot of port too. Many ships have been made at the ports for a long time.

A port of Nagasaki city

There are famous places in this city. For example, Nagai Takashi museum, Megane bridge, and so on. Student planned to visit their. They selected places to visit free, but some places were selected by all students. They are the peace memorial park, Glover garden and so on. Peace memorial park is one of the most famous places in Japan, because the peace memorial ceremony is hold there on August, 9. A lot of people visit there at that time.

Nagasaki peace memorial park

In 1945, an atomic bomb was released to this city. Most of building in this city was broken down, and many people died by the atomic bomb. They said it was stronger than Hiroshima's atomic bomb, but died people were fewer than Hiroshima, because the topography was so complex. American army planned to release to Kokura, but there was cloud in the sky of Kokura. So they changed the plan, and release to Nagasaki city. There is a huge figure in this park. This figure is made from bronze and wished the world peace.

(We can visit many other famous places. Pictures of them are next page.)

Kasutera is the most famous food in Nagasaki. They have much taste. For example, maccha, chocolate, and so on.

After visited famous places, students went to the hotel and had dinner.

1-Written by

Megane bridge

The view from Mt.Inasa

The right picture is the view of Nagasaki city. We can see this from the top of Mt.Inasa. This mountain is as tall as Tokyo tower. The night view is also beautiful.

**The next day**

Students visited Aso Kumamoto in this day. They visited Mt. Aso, and Aso milk farm. It was sunny then, so they could get on the crater of Mt. Aso. They also could experience many things at Aso milk farm.

They left Nagaski city in the morning, and got to Aso milk farm in the afternoon. They had Yakiniku for lunch. After that, they played with animals and took pictures. They also could buy souvenirs there. At that time, the air was really clear because it was after raining. So they could see Mt. Heisenshinzan. They say it is so rare to see it from there.

The statue of peace

Mt. Heisenshinzan from Aso

After that, they went to Mt. Aso. They could get on the crater of Mt. Aso, because it was sunny at that time. The crater was spewing out steam and sulfur. The crater was so deep, so couldn't see the bottom of the crater.

There are some stores there, and they were selling sulfur. It was sold about 500yen.

**The last day**

It was sunny during the day. Students went back to Tojo in this day. But on the way, they had a good time at the Space World in Kokura Kita-Kyushu.

After that, they went back to Tojo without doing anything. We arrived in Tojo earlier than plan.

Students had good times and learned many thing. They are nice memory.

The crater of Mt. Aso

2 · Written by

※原文のまま掲載しています。

# 04 学年末には英語新聞をつくろう！

## パフォーマンス課題とポイント

学年：中学１年、２年、３年（英語文集）
使用言語材料等：既習事項すべて

| この１年間に学習してきたこと（「自己紹介」「夢作文」「創作スキット」「夏休みについて」）をもとに「英語新聞」をつくりましょう！　自分のセンスやアイデア・英語力を駆使して最高の１枚をつくり上げます（分量制限はなし、読者に伝わるように書く）。作成することで、年間の総まとめの学習になります。また、できた作品は廊下に掲示します。下級生にとってもきっと憧れの姿となりますね！ |
| --- |

**【課題づくり・実践のポイント】**

学年の最後にぜひ取り組みたいのがこの「英語新聞」です。１年間に書いてきた作文をもとに、１年間の学びをまとめた１枚をつくろう、というものです。くわしくはp.129～135をご覧ください。

生徒は、自身の学びの創造性を発揮してまとめ、それを同学年の生徒と見合い、さらにそれを校舎に掲示して全学年が読めるように飾ります。

中１でつくったもの、中２でつくったものを保管しておき（デジタルデータでもOK)、それをもとに中３の卒業文集をまとめると、中学３年間の学びをまとめた３枚ができあがります。

## 英語新聞とは

各学年の年度末（２月～３月）には、「その１年間に取り組んできた英作文を再び１枚にまとめて、かっこよくレイアウトした英語新聞をつくろう」と呼びかけています（中学生対象）。（青森県の高松智子先生の実践を参考にさせていただきました。）

この活動のメリットは、次の通りです。

- １年間の英語学習を振り返ることができる（総復習）
- 自分の今を残すことにつながる
- 感性や想像力、自己表現力を伸ばすことができる
- 廊下に掲示するので、下級生にとっても憧れや見本となる

**英語新聞のつくり方**

授業では５時間ほど（毎時間２０分）使って、次のような流れで行います。

- 次頁のようなレイアウト図とともに趣旨や概要を説明する
  （できればカラーで完成見本があればイメージがわきやすい）
- レイアウト図を参考にしても、自分流のレイアウトでもよい（自由度）
- 文章量は無制限
- 英作文を考える（１年間書きためた作文ノートや定期テストを参考にしてもよい）
- 下書き用紙に下書きを書く
- 途中何回か、ほかの人の作品を自由に見て回れる時間（中間発表ツアー、p.48～49参照）を設ける（ほかの人の作品に刺激を受ける）
- 友だちや先生と読み合い、内容や英文をチェックする
- 清書用紙に清書する
- 完成作品を廊下に掲示する
  （掲示することを制作前に伝えておくと責任感が高まり、より主体性も増す）
- 中３の卒業文集を書く際は、中１と中２の英語新聞も振り返って（英語新聞が学びのポートフォリオとなっている）、それらも活用する

# 「中１ 英語新聞レイアウト」

絵やイラストを余白に描いて楽しい新聞にしよう！写真もOK。記事のレイアウトは，自由です！

■新聞名（英語で）

＊好きな言葉，歌詞，歌のタイトルなど何でもOK！

■自分の似顔絵・写真

Kamiyama Shimpei

■Self Introduction

＊自己紹介 【1学期末】

1学期末の作品にさらに書き足してよい。

自分の好きなもの（スポーツ，食べ物・・）も紹介しよう。

■生徒番号と自分の名前

1341 名前を英語で

■ March 24. 2017（この日を記入）

この日が提出最終締め切り。

■My Life

＊1年生での自分の生活 【2学期中間・期末】

「どどい」表現も使って長い英文が作れるかな。

■My Friend

＊他者紹介 【1学期末】

有名人の紹介

友達や家族でもOK！

■自分でタイトルを考える

＊スキットを書く。【2学期末，学年末】

助動詞，過去形，whose，進行形などを使って

書こう。

■Quiz Salon（Who am I？／What am I？）

＊人物か動物かを当てる問題 【2学期中間，期末】

（読者が読んで当てられるようなクイズに）

人物 → タイトルの（　）をWho am I？にする。

動物 → タイトルの（　）をWhat am I？に。

＊人物か動物かどちらか一つを書こう。

答えは，下に，逆さ字で書く。 (i) Answer

■QA

＊自分についてのQAを作成 【学年末】

スラスラ英会話のQAを参考にする。

■Editor' s Notes（編集後記）

この新聞の見所・苦労した所など

編集を終えて思ったことを自由に

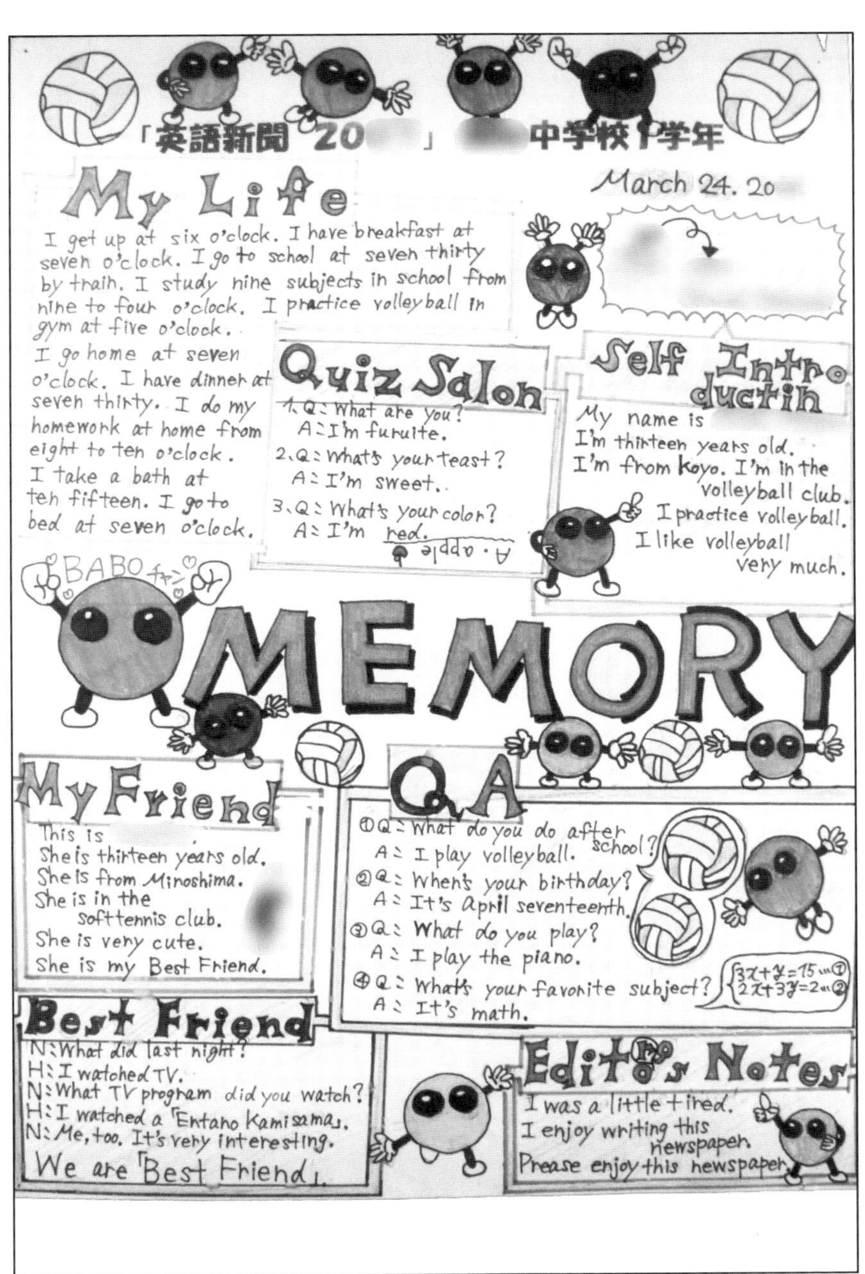

「英語新聞 20　」　中学校1学年

March 24. 20

## My Life

I get up at six o'clock. I have breakfast at seven o'clock. I go to school at seven thirty by train. I study nine subjects in school from nine to four o'clock. I practice volleyball in gym at five o'clock.
I go home at seven o'clock. I have dinner at seven thirty. I do my homework at home from eight to ten o'clock. I take a bath at ten fifteen. I go to bed at seven o'clock.

## Quiz Salon

1. Q：What are you?
A：I'm furuite.
2. Q：What's your teast?
A：I'm sweet.
3. Q：What's your color?
A：I'm red.

A. apple

## Self Introductin

My name is
I'm thirteen years old.
I'm from koyo. I'm in the volleyball club.
I practice volleyball.
I like volleyball very much.

BABOチャン

# MEMORY

## My Friend

This is .
She is thirteen years old.
She is from Minoshima.
She is in the softtennis club.
She is very cute.
She is my Best Friend.

## Q.A

①Q：What do you do after school?
A：I play volleyball.
②Q：When's your birthday?
A：It's April seventeenth.
③Q：What do you play?
A：I play the piano.
④Q：What's your favorite subject?
A：It's math.

$3x+y=15$ …①
$2x+3y=2$ …②

## Best Friend

N：What did last night?
H：I watched TV.
N：What TV program did you watch?
H：I watched a「Entano Kamisama」.
N：Me, too. It's very interesting.
We are「Best Friend」.

## Editor's Notes

I was a little tired.
I enjoy writing this newspaper.
Prease enjoy this newspaper.

## 7-3　中２英語新聞

# 「中2　英語新聞レイアウト」

絵やイラストを余白に描いて楽しい新聞にしよう！写真もOK。記事のレイアウトは，自由です！

**■新聞名（英語で）**

＊好きな言葉，歌詞，歌のタイトルなど何でもOK！

**■My Dream**

＊自分が将来就きたい職業，理由，職業紹介等。

【1学期末】の解答に付け足し・変更OK。

**■自分の似顔絵・写真**

**■生徒番号と自分の名前**

2341　名前を英語で

**■March 25. 2018（この日を記入）**

この日が提出最終締め切り。

**■My Experience**

＊自分の体験（行ったこと，見たこと）や，継続していること（習い事，部活，愛用品，勉強）など

＊完了形（have+過去分詞）を用いる。【2学期末】

**■A or B?**

＊比較級を使ったA or B作文。【2学期末】【コミュ】

Which are better, cats or dogs as pets?

下線部の部分は，次のものに変更してもよい。

■Which is better, school lunch or box lunch?

■Which are better, winter vacations or summer vacations?

＊コミュの英文も利用できる。ナンバリング・理由もね。

**■自分でタイトルを考える**

＊現在完了を用いた創作スキット。【3学期学年末】

＊オチをつけよう。

＊storyにあったイラストも載せよう。

【冬休み課題参考】

**■Plan of My Summer Vacation**

＊未来表現を使った夏休みの予定。【1学期中間】

＊することの羅列は避けよう。関連のある文章に。

＊1学期中間の英文に加筆・修正もOK。

**■QA**

＊スラスラ英会話（20～22）のQA。【3学期学年末】

＊スラ英をもとに，自分に関連するQAを書く。

＊QAの単語は，どんどん変えてもOKです。

**■Editor' s Notes（編集後記）**

この新聞の見所・苦労した所・英語への熱い思いなど，編集を終えて思ったことを英語で自由に。

「英語新聞 20　」　中学2年

# Wonderful Wonder World

## My Dream

My dream is to work
as a counselor to help
people's hearts.
It is very importent.
So, I'll study harder.

## My Experience

I have played the piano
for light years.
It is interesting for
me to play the piano.
I'll practice the piano
hard.

## Restaurant

Nancy : Have you eaten your lunch?
Lucy : No, not yet.
Nancy : Shall we eat lunch in
this restaurant?
Lucy : Yes, let's.

a clerk : May I help you?
are you ready to
order?
Nancy : I'll have pizza.
How about you?
Lucy : I'll have curry
and rice, a steak
and a pizza.
Nancy : You eat too much!

## A or B

[Which are better,
cats or dogs?]

I think dogs are better than cats.
I have two reasons.
First, dogs are more
friendly than cats.
Second, I can go for
a walk with a dog.

## Plan of My Summer Vacation

I want to go swimming in the
sea with my friends in the
summer vation.
The sea is very beautiful.
So, I like the sea very much.

## QA

Q What is the most popular
sport in Japan?
A I think baseball is the most
popular.
Q Do you like sport?
A Yes. Sport makes me very happy.

## Editor's Notes

To write English sentences is
difficult.
But it is interesting for me.
Thank you for reading!

# 「中3　卒業文集(Dream Book)レイアウト」

①絵やイラストを描いて楽しい新聞にしよう！写真もOK。記事のレイアウトは，自由です！
②印刷・製本します。著作権に配慮してください。（有名人の写真・キャラクター画像等使用不可）
③レイアウトは自由ですが，紙は，「縦」に使ってください。（向きをそろえて印刷するため）
④必ず載せるものは，次の4つです。
●「自分の顔写真・名前等」●「My JHS（中学校の思い出）」
●「My future（未来編）」　●「Editor's notes」の4つです。

**■My JHS days〔中学校の思い出編〕**
**タイトル（例）：My Precious Three Years**

＊中学校3年間の思い出を書きます。
＊一番の思い出について書いてもいいし，各学年1つずつでもよいです。
＊例えば，部活，修学旅行，発表，習い事，友達とのこと，勉強，‥‥
＊関連するイラスト・写真も載せましょう。読み手がイメージしやすくなります。＊タイトルは，自分で設定してください（英語）。

＊自分の写真を貼る。

Kamiyama Shimpei

**■生徒番号と名前**
3412　名前を英語で

**■March 18. 2019**
（卒業式の日で統一）

**■My future〔未来編〕　タイトル（例）：Do you have a dream?**

＊自分の現在の夢（仕事・生き方）を記述します。
＊例えば，自分が就きたい職業，理由，特徴・・・
（2年の英語新聞でも書いています。）
＊もしくは，自分が達成したい夢を熱く語ってもいいです。
（例）オーストラリアの大学に進学したい！自由の女神の後ろ側を自分の目で見てみたい！
＊自分の将来プランを入れてもOKです（結婚・子ども・老後・・）。
＊何年かして読んだとき，「あぁ，あのとき本気でこう考えていたなぁ」と思える，
「今の本気」が詰まった英文にしましょう。
＊タイトルは，自分で設定してください（英語）。
＊英文にイラスト・写真も添えましょう。
＊タイトルは，自分で設定してください（英語）。

**■Editor's Notes（編集後記）**
この新聞を読んでくれた人へのメッセージ，今後の英語学習への熱い思いなど，編集を終えて思ったことを英語で自由に。

# BEST MEMORYS

## My Special Memory School Trip

I went to Tokyo on the school Trip for three days. I went to many places for the first time. I went to Asakusa, Ueno Zoo, Tokyo Tower and so on. I learned a lot from the school Trip. My best memory is "Choo Choo TRAIN". My class song was "Choo Choo TRAIN" at the party. We were going to sing and dance to the song. But we couldn't sing and dance. Because the machine was in trouble. We were very sad but it was a nice memory. The school Trip is my best memory!!

## My Special Memory Club

I have belonged to the brass band club for three years. Our club teacher is Mr. 　　. My instrument is the flute. I practice the flute everyday. My club is very busy because we have many concerts. For example, school festival, brassband contest and so on. But I'm always very excited because I like music and brass band club very much. So, I will continue the club. I will try hard to play the flute well.

**I ♥ Brass Band Club!!**

## Editor's Notes

I was very tired but was very happy because I could look back my school days. Thank you for reading my newspaper!

NaE!!

My Friends and Me!!

March 18 20

## My Dream…

I want to do work which is about music. Because music makes me very happy and I like music very much. But I haven't decided crearly. I'm at a loss. There are some other jobs in the world. So, I haven't decided. But I think I want to work for the good of people. So, I will decid what to do, and study hard. And I want to go to various places!

**I ♥ Music!!**

## Future Plan ☆

After three years, I'm going to graduate from high school and enter an university. I'm going to live in Fukuyama. And I'll study very hard. After five more years, I'm going to graduate from the university and find a job. I want to get married around twenty-five. And I want to go to Europe with my family. I like Europe. So, I study English hard!!

# 05 地球課題を解決する活動を提案しよう！

## パフォーマンス課題とポイント

学年：高校１年

使用言語材料等：指定なし

【ESDの観点での自由英作】
L.●でJane Goodallは、若者たちと地球環境を守る活動に取り組んでいることを学びました。世界をよりハッピーな場所にするために、3つの活動形態（“help people”, “help animals”, “help the environment”）のうち、あなたはどの活動を行いたいですか。本校ESD（持続可能な開発のための教育）の取り組みの参考にしたいと思うので、できるだけ「どの活動に」、「どのように」取り組みたいのか、具体的に説明してください。

**【課題づくり・実践のポイント】**

高校生になると、教科書の英文に社会的な内容のものが増えるに伴い、社会や自身と結びつけた課題を設定しやすくなります。

本課題はその１つで、環境問題を学習した単元で、自分なら何をしたいのか（⑤）、それを学校全体の取り組みと結びつける（④）という設定です。

学習指導要領に「持続可能な社会の創り手」という言葉が入りました。

学校全体でESD（Education for Sustainable Development：持続可能な開発のための教育）やSDGs（Sustainable Development Goals:持続可能な開発目標）に取り組むのもおすすめです。

① 「人」をテーマとした作文

▶ I'd like to help people. Now senior citizens are increasing in Japan. I often see them when I go out. I think it's difficult for them to carry heavy bags. So if I see the people like that, I'd like to carry their baggage and help them.
▶ I want to help people. Japan has many natural disasters. When they happen, Japanese people take part in volunteer work. Now I'm young. So I can't go far away. When I become an adult, I want to work actively. I think that we can make disaster victims smile when we do volunteer work.

② 「動物」をテーマとした作文

▶ I want to help the environment to solve the air pollution. In Japan much garbage is burned. It causes air pollution. So I want to promote 3Rs. I learned about the 3Rs through "Umi-no-Mori project." I want to make the most of the 3Rs in my life and spread this activity.
▶ I want to work on " help animals." Today, many elephants are killed because of poaching, so they are in danger of extincting. What's more, poaching helps terrorists with making money. If we don't buy the ivory products, poaching shouldn't happen. That's why I want to make posters of poaching to notice people what's happening.

③ 「環境」をテーマとした作文

▶ I want to help the environment because the environment combines all things. I especially want to solve air pollution and global warming. So when I go to school, I use my bike and train. And we will be able to solve the problems.
▶ I want to do " help the environment." Because the acid rain and break the environment are very popular and important problems. So I want to help them. I want to do like Umi-no-Mori project. But one person's power is very tiny. So I want to call many people about " Why don't you help the environemt?"

※原文のまま掲載しています。

# 06 1000円でどう稼ぐか アイデアを出そう！

## パフォーマンス課題とポイント

学年：高校３年生

使用言語材料等：特になし

> You have only one thousand yen. What would you do to earn more money within two hours?
> （あなたは1000円しか持っていないとします。2時間でお金を稼ぐためにあなたは何をしますか。60〜80語の英文で、できるだけcreativeに自分の考えを述べなさい。）
> ＊評価：①Length（語数：３点）②Structure（構成：３点）③Grammar（文法・語法：４点）

**【課題づくり・実践のポイント】**

環境問題などのまじめな課題だけでなく、個々の創造力が発揮される本課題のようなものもおすすめです。生徒は「なるほど！」「すごい！」「楽しいです！」と言って、嬉々として取り組みます。

ポイントは、人によって異なる解答になる（②）ということです。答えが１つではない課題の場合は、どのような答えでもよいのではなく、最適解や納得解を提案する練習になります。

実社会を見据えて、このような課題にも取り組み、お互いのプレゼンから学び合うと学びが大きくなります。

# 7-5　クリエイティブな英作文

## 面白いクリエイティブな英作文（1000円でどう稼ぐか）

### 1　お題

教科書の単元で，「2時間と5ドルでどう稼ぐか。それを考えて3分間でプレゼンする」というスタンフォード大学の課題が紹介されている。一般的な回答は「ラスベガスに行く」「宝くじを買う」というもの。他には「レモネードスタンドで販売」などのアイデアが出る。最も稼いだグループは，課題をより柔軟に考えて「プレゼン3分間を，スタンフォード大学の学生をリクルートしたい企業に売る」というもの。

「課題はチャンスであり，枠にはめずにより柔軟に物事を考えることの大切さ」を学べる単元である。

### 2　課題設定（定期考査）の工夫

必然的にそれを試したいと，単元末の課題（及び定期考査）では，次の課題に設定した。

You have only one thousand yen.　What would you do to earn more money within two hours?
（あなたは千円しか持っていないとします。2時間でお金を稼ぐためにあなたは何をしますか。60〜80語の英文で，できるだけ creative に自分の考えを述べなさい。）
＊評価：①Length（語数：3点）②Structure（構成：3点）③Grammar（文法・語法：4点）

### 3　生徒の解答例

生徒がどのようなクリエイティビティを発揮したのかワクワクしながらの採点。採点した生徒（2クラス，約60名）の答案は，ほとんど重複する解答がなかったのが印象的。さらに無解答の答案は4枚のみ。解答アイデアが重なったのは5種類で，「自分の古着や古いものを販売する」「高齢者の買い物や掃除の補助」「高齢者にマッサージ」「似顔絵を描いて売る」「より高いものと交換（わらしべ方式）」というもの。他には，オリジナルのアイデアがたくさん生み出された。特におもしろいと思った解答には次のもの。

- 「祖父母にプレゼントしてお返しをもらう」（寄付した方がお金が集まる可能性がある）
- クラウドファンディング（個別で対面から，ネット上で多数を視野に，人の心を動かす文章も大切）
- 市立中高生相手のレンタサイクル（日常で生徒が感じる課題や困難点を出発としている）
- ショッピングモールで買い物中に洗車（海外ですでにビジネスになっている）

**①福山駅から自転車を借りて赤坂駅でレンタサイクルするアイデア**

I will gather a lot of old bikes at Fukuyama station, and then I will take them to Akasaka station. There are many Ichiritsu junior and senior high school students. I think they want to rent bikes. The reason is because they walk to school for twenty minutes with their heavy bags every morning. I will rent the bikes our for 50 yen.

**②日曜日にショッピングモールの駐車場で，買い物中に洗車する**

To earn money, I would wash cars at a mall while customers are shopping on Sunday. First, I will buy sponges, baskets, and detergent with one thousand yen, and ask customers at the mall. Since it is on Sunday, there will be many people there, and I think it is a good idea because customers will be able to spend their time shopping.

**③物々交換する（わらしべ長者方式）**

I would earn money like a warashibe-choja. First, I will buy something for 1000 yen. Second, I will talk to people who will barter for it or exchange it for more expensive item. I will repeat this process for two hours. Finally, I will sell the thing I last got and charge it for money. I would be able to earn money by doing it.

**④人に教えることができる知識を増やす**

I would like to do what I can do well. For example, I can speak both Korean and Japanese, and if I teach Korean to Japanese people for two hours, I would earn more money. Like this, if we have the ability of teaching something, we will be able to earn much more money. I think growing knowledge is the best way to earn money.

**⑤ネットに文章を載せてお金を募る（妹が病気で手術が必要だがお金がないので助けてほしい，人道的には×の理由だが，稼ぐのには良い方法のはず，と本人が補足していた）**

If I earn money, I would collect contributions on the Internet. When I do that, I will write the sentence, “My sister is sick, so she has to have operations. However, we don’ t have enough money. Please help us.” Probably we can get so much money but it is not a good way because I may mislead people who are kind. It’s a bad way in terms of humanity. However, I think it is the best way in terms of earning money.

# 第8章

# 書く力を高めるフィードバック

# 01 理論編①<br>ミスはすべて修正？

## 英作文のミスはすべて修正する必要がある？

第８章では、生徒の英作文に対してどうフィードバックをすればよいかを紹介します。フィードバックを詳しく学ぶ機会はそれほど多くはないので、ここでは理論編と実践編に分けて見ていきましょう。

そもそも、すべてのミスの修正は、言語習得上効果的なのでしょうか。英語の誤り訂正についての専門書では、次のように言われています。

> 添削の際、文法のエラー訂正に躍起になる必要はないということをSLA研究は教えてくれた。エラー全てを修正しても徒労に終わる可能性が高い。それよりも、訂正する言語項目を決めて、繰り返して訂正し、確実に定着させることを目指したほうがよい。ナラティブ・モードのライティングなら過去形、繰り返し出てくるようなエラー、現在の言語レベルで直しておくべきエラーなどに集中したほうが、効率的、効果的。

出典：大関浩美『フィードバック研究への招待』（くろしお出版）p.134

> 英語のライティングにおいて、学習者の誤りをすべて直して返却し、学習者に清書させて再提出させる方法は、教師の負担が大きいだけで、その労力に見合った効果が期待できない（一時的には効果を発揮する項目もないとは言えないが、その後で指導をやめてしまうと再び誤り率が上昇してしまい、時間と労力に見合った効果が発揮できない指導法と言える）。教師は学習者の犯す全ての誤りを直す指導法はやめた方がいい。

出典：白畑知彦『英語指導における効果的な誤り訂正』（大修館書店）

「すべてのミスチェックは徒労に終わる可能性が高い」というのです。

## 英作文のフィードバックのポイント

そうは言っても、提出された英文に何もフィードバックせずに返却するのは教師として気が引ける部分もあります。

では、どうしたらいいでしょうか。（鈴木、2017）と（大関、2015）をもとにフィードバックのポイントを挙げてみます。

- フィードバックは、次の２つがある
  「内容面」（内容や構成についてのコメント）
  「形式面」（語彙や文法などの表層的なエラーに対する訂正）

- フィードバックは、次の２種類がある
  「直接フィードバック」（教師が正しい訂正案を示す）
  「間接フィードバック」（エラーに下線や記号をつけて本人が訂正）

- 修正箇所を絞る（事前に生徒にそう伝えておくとよい）
  例）「冠詞は、日本人にとって最も難しいとされているので、今回は不定冠詞（a, an）に絞って訂正フィードバックをします」
  （フィードバックへの理解が高まり、指導効果も期待できる）

- 英語力が高い生徒には、自ら（またはほかの人と）英作文を修正する機会を与えるとよい（自律的な学習支援になる）
  例）「英文を読み返して、動詞の時制が正しいか自分で確認しましょう。間違っていたら訂正しましょう」（暗示的指導）

- 英語力が低い生徒には、特定の文法事項に絞って訂正例を提示する（誤りの理由がわからない生徒も多いので、数を絞って理由を記述する）

- 模範作文を選び、クラスに紹介する（どのレベルの学習者にも有効）

# 02 理論編②
# 誤り訂正の分類

## すべてのミスの修正には効果がない

先の頁（p.142）で見たように、専門家の白畑知彦先生は、「教師は学習者の犯すすべてのミスを直す指導法はやめた方がいい」と述べています（『英語指導における効果的な誤り訂正』（大修館書店、2015）参照）。それは、次の理由からです。

- 一度に多くを修正されるとミスに対する注意が散漫になる
- 生徒は何を直されたのかがよくわからない（理由不明で修正する）

また、中高生の文法指導に応用できると述べています。それをまとめて整理したのが右のワークシートです。ポイントは以下です。（必ずしもいつも同じ割合でフィードバックする必要はないようです。）

①教師の誤り訂正は、短期的（指導直後）には効果的だが、２か月以上の長期的な効果については、持続する項目としない項目がある

②次の特徴の文法項目は、誤りを明確に指摘する訂正が効果的である

- 規則が単純なもの　　・語彙の意味の伝達が主なもの
- 日本語に同じか類似の概念、構造があるもの
- いままでに十分に教えられてこなかったもの

③その反対に誤り訂正が「効果的でない」ものは次の通りである

- 規則が複雑なもの　　・文法的機能の伝達が主なもの
- 日本語に同じか類似した概念、構造がないもの（完了形など）
- その規則についてすでに十分な知識があるもの

④明示的な指導は、学習者の英語の習熟度や認知能力が高いほうが効果的である

## 8-1 文法指導のポイント

**中高生への文法指導のポイント**

以下は，筆者（白畑知彦氏）が主に大学生対象に実施した結果から，中高生の文法項目の指導に応用した試みを８つにまとめた中から，特に参考になる部分を６つに整理したものである。

（1）指導にそれほど時間をかけなくてもよい文法項目（もともと誤りが少なく，誤っても一時的）

□語順（主要部の位置）：（日本語の語順そのままの英語（「教室で」を the classroom in は初級者以外少ない。）
□代名詞の格変化：（主格の代わりに目的格を使用する He likes she.などの例は時に見られる。）
□進行形の ING：（進行中の動作を表す ING はどの学習者にとっても非常に容易。）
□主語と be 動詞の（人称・数の）一致：（Tomoko and Ayako is from Okayama.のミスもほぼなし。）
□主語の非脱落：（主語を省略するミスは犯さない。目的語を省略してしまうことは多い。）
□wh 疑問文での wh 後の位置：（wh 語の文頭移動規則を誤る学習者は少ない。助動詞の誤りはある。）

（2）「非常に」習得が困難（or 習得が完全には不可能かもしれない）な文法項目＝文法規則が複雑すぎる

□**冠詞（特に定冠詞 the とゼロ冠詞）**：（「聞き手も知っていると思うものに the」「I like dogs.などの総称」）
□**不加算名詞の複数形**：（a piece of cake, three slices of bread など 不加算名詞を口頭練習などで１つずつ覚える。）
□**前置詞**：（誤用でも意味伝達には著しい困難はない。誤りを明示しても速効性はない。習熟度が上がればミスも減る。）
□**現在完了形**：（現在完了形の習得の難しさは，文法形式の複雑さでなく意味概念の難しさに起因。）

（3）「比較的」習得が困難な文法項目

□**三人称単数現在形-s**：（規則は容易だが誤りやすい。特に主語と動詞の間に副詞がある場合。Hideki sometimes ~.）
□**進行形や受動態の be 動詞**：（He playing baseball. The vase broken.など。英語力が上がればミスは減る。）
□**時制・相（現在完了形を含む）**：（時制は「過去」「現在」，相は動作や状態の様相で完了相と進行相の２つ。）
□**不規則変化の比較表現（高校以降に学習する範囲）**：（no better than,not better than などで認知力が必要。）

（4）規則そのものは簡単だが，長期間誤りの続く文法項目

□**三人称単数現在形-s**：（上記（3）の同項目と同様で，規則は知っていても使うときに誤りがち。）
□**不定冠詞（a／an）**：（不定冠詞は普通，単数加算名詞とともに使われる。）
□**一般動詞の過去形（特に規則変化形）**：（不規則動詞の過去形より規則動詞の ed 脱落ミスが多い。）
□**wh 疑問文での助動詞 do／does／did**：（What is/are/do Taro buy at the department store?助動詞の誤りに注意。）

（5）（日本語と比較しながら）相違を教えるべき主な文法項目

□**主語と話題の相違**：（「僕はラーメン」は日本語ではよいが，英語で I am ramen.は×。be 動詞は前後を＝をつなぐ。）
□**自動詞と他動詞の区別**：（動詞の指導の際は，「（主語）～が」「（目的語）～を」や例文を示して意識的に指導。）
□**時制・相（現在完了形を含む）**：（日本語「～ている」と英語の進行形や完了形と比較して指導するとよい。）
□**分詞の形容詞的用法**：（A girl reading a book is my sister. 「本を読んでいる女の子は～」（下に続く）
□**関係代名詞節**：（上と同様で，修飾は「英語は後ろ」から，「日本語は前」から）
□**被害受け身**：（「２年前に父に死なれた」は I was died (by) my father~.ではない。die は自動詞で目的語を取らない。）

（6）概念そのものをまず指導すべき項目

□**現在完了形**：（日本語にはない概念で過去形や現在形との区別が付きにくい。時間をかけて何度も確認する。）
□**仮定法**：（日本語の文法形式には存在しない。仮定法と条件節の区別がついていない。形式より概念理解を促す。）
□**to 不定詞**：（３用法の文法用語の指導より，「不足部分」「より聞きたい部分」を補うときに使うという働きを教える。）

（出所）白畑知彦『英語指導における効果的な誤り訂正　第二言語習得研究の見地から』（大修館書店）のまとめ

# 03 実践編①
# フィードバック方法15

## フィーバックにはいろいろな方法がある

生徒がよりよい書き手になるために、どのようなフィードバックができるでしょうか。文法や語彙などの「形式面」grammar-based feedbackと、内容や構成などの「内容面」content-based feedbackのフィードバックを１５個にまとめます。状況に合わせて活用してください。

### （１）教師が誤りを添削する

①形式面での英語の誤りを添削して正しい表現を明示する

例）In my point of view, studying with other students means ...
→ From

②ALTに誤りを修正してもらう（ルーブリックを提示して）

③添削する箇所を絞って（例：１人３か所）添削する

④生徒が添削を希望する箇所（波線）のみ添削する

### （２）教師は個々の生徒の誤りは添削しない

⑤添削は押印か良い部分に下線をするだけで返却する（書くことを重視）

⑥誤りは添削せず、内容面のみコメントする（生徒のやる気を重視）

⑦個々に添削せず、全体に共通するミスを教室で取りあげ指導する

### （３）誤りに下線を引いておく（生徒に暗示的に気づかせる）

⑧誤りに線だけ引いておく（自分で誤りに気づかせる、学力上位向け）

⑨誤りに線だけ引いておき、質問があれば友人や教師に尋ねるよう言う

⑩誤りに線を引き、誤りの理由を省略記号で書く（エラーコード）

例）sp：スペリング、gr：文法、s/p：単複、vt：時制、art:冠詞、

V：単語抜け　＊日本語でもよい（「スペ」「時」など）

□ Biomimicry is a way to make out technology conform to nature.
□ It is said that make our sustaptable life.　G/P
□ If I suggested an adies about biomimicry, I would imitate the frill-necked lizard.　sp
□ When they are surprised or court females, spread their coller.　They　P
□ And it have part of radiator.　3/G
□ I imitate their radiator system and introduce it into buildings.　would

⑪誤りに解説コメントをつける（時間がかかるので、数を絞る）

## （4）生徒同士でフィードバックする

⑫グループで回し読みして（内容やミスの協働修正・コメント書き）

このときは、「後でクループ内で回し読みします」と伝えておくと、人に読まれるならしっかり書こうと本気度がより高まりやすい

⑬本人がルーブリックに基づきpeer correction（review）する

**■英作文自己チェックリスト（自分で確認して✓する）**

| | | |
|---|---|---|
| 書く前 | ①**アイデア**を書き出した？（マッピング，表，メモ等） | |
| | ②**読み手の期待**を意識した？ | |
| | ③**論理的なパラグラフ展開**を考えた？（つなぎ言葉・一貫した展開） | |
| 書いた後 | ④**つづりや文法**はOK？ | |
| | ⑤**推敲**して**書き直し**した？ | |

## （5）そのほか

⑭書く前に、次回に向けて誤りそうな文法や表現を全体で練習しておく

⑮オンライン添削サービスを利用する（AIの発展で今後より一般的に）

これら１５の方法は、「ティーチャー・レスポンス」「ピア・レスポンス」「セルフ・レスポンス」の３つに分けることもできます。

次項では、④⑥の実践例を取りあげます。

# 04 実践編②<br>自然な英語と添削の視点

## 文のつながりをどうフィードバックするか

生徒が書いたものに対するフィードバックでは、「語法・文法上のミス」の指導だけでなく、「文同士のつながり」や「まとまりのある文章」、「論理展開」などについてもコメントしたいところです。

ただしこの部分は専門的で、どうすればよいのかよくわからない先生も多いのではと思います。そこでライティングの著書をお持ちの山岡大基先生が、ある研修会で示された添削時の視点の一部を紹介します。

> 「つながり」についての指導例
>
> ①トピックセンテンス（まとめる１文）を入れると分かりやすい文章になる。
> ②トピックセンテンスの後が、日本語の起承転結の構成でなく、英語の論理展開になっているか？
> ③抽象的な表現の後には、具体的に何を指すのかを書いてあるか？
> 　例）「たくさんのことを学んだ」 → 　たとえばどんなこと？
> ④意見を述べたら理由や説明を書いているか？
> 　例）「～はとても大切だと思う」 → 　なんで？
> ⑤接続詞をきちんと使えているか？
> 　例）ここはなんで逆接のbutなの？（飛躍しすぎでは？）
> ⑥主語をそろえてみては？（文章全体のまとまりがよくなる）

さらに右頁には、自然な英語にする視点と添削例を紹介します。

こうした「つながり」の指導は、以下で詳しく学べます。個人的には、「つながり」は今後のライティング指導でより重視されると思います。

- 山岡大基『英語ライティングの原理原則』（テイエス企画、2018）
- 日向清人『即戦力がつく　英文ライティング』（DHC、2013）

## 8-2 自然な英語にするための添削の視点

**「自然な英語」にするための添削の視点**

正しい英文でも，ALT に「不自然(unnatural)」，「堅い(stilted)」と言われることがあります。それはスタイルの問題であることが多いです。スタイルとは，「語彙」「構文」「文と文のつながり」に関する選択の問題であり、スタイルは学校英語の盲点と言われています。

スタイル面で適切な英文にするには，「簡潔に（simple)」，「自然に（natural)」，「読者に分かりやすく（reader-friendly)」書くことです。

日本人学習者が英作文の際に特に留意すればよいといわれているのは，次の３つのスタイルの問題です（富岡，2006)。
（つまり，英作文を添削する際は，文法・語法上の正しさだけでなく，これらを意識するとよいということ。）

**（1）「柔らかい表現」と「堅い表現」（日常会話の口語表現か論文などのフォーマルな文語表現か）**

英語は日本語同様，場面に応じて使われる語彙が異なります。堅い表現を使いがちでないか確認しましょう。

| 柔らかい表現 | People(They) say | A and B ( as well ) | because | 主語〜ing | but | 短縮 | so |
|---|---|---|---|---|---|---|---|
| 堅い表現 | It is said | not only ～but also・・ | 接続詞 for | 主語 to 不定詞 | however | 短縮しない | therefore |

（話し言葉の例）＊書き言葉では避ける（「やっぱり」「いっぱい」「すごく」の日本語も書き言葉では避ける）

papa, mama, nice, cool, by the way, a lot of(many や several を使う), I think(believe, agree)などの I と思考動詞の構文（個人的な視点）

**（2）「簡潔で無駄のない」表現（simple で clear な英文）**

英語は日本語と異なり，「不要な表現を避け，簡潔で明快に書く」（言葉の経済性）ことを強く意識します。

①The number of people who V→More and more people V　②castle which was built→castle built（関係詞と be 動詞省略）
③so 形 that SV（とても～なので・・できない）→too ～ to・・　④無生物主語構文に（make, help, show など）
⑤Many countries ～ not　(多くの国が～ではない) →Few countries ～（数少ない国が～）

**（3）語句や文の「適切な（自然な）配列」（語句の相互の関連）**

ポイントは，「意味のまとまり」，「言葉のつながり」，「論理性」を意識することです。

①同一語句の「**繰り返し**」を避ける。(類義語の使用，代名詞化，省略を試みる。）＝elegant variation（優雅な変奏）
②構文の「**多様性**」に注意する。(一人称 I の主語構文だけだと単調になる→構文を変えると文章に抑揚が出る）
③情報の「**優先順位**」や「**論理性**」に注意する（英文は「抽象から具体へ」という流れ，結論が先で枝葉は後）
George is always complaining about his family and his friends.（具体的な記述） I'
m sick of him.（総括コメント）
→I'm sick of him.（総括コメント）George is always complaining about his family and his friends.（具体的な記述）の順にする。
④パラグラフは「トピックセンテンス」で始める。(トピックに即して終わる）
⑤できるだけ「**能動態**」を使う。(能動態の方が直接的で力強くわかりやすい）
⑥「**語句の並列**」は文法的に同じものにする。(cooking and to chat with friends→cooking and chatting ～）
⑦「**強調したいこと**」や「**相手が知らないこと**」(読み手により変わる）は「**文末**」に置く。
（×）人類は忍耐という面ではほとんど発達していない，多くの面では発達したが。
（○）人類は多くの面で発達したが，忍耐という面ではほとんど発達していない。

**（4）添削例**

**（添削前）生徒がよく書く I が連続する英文（文法的には合っている英文）**

(a) I went to Tokyo Disney Land with my friend, Hanako, yesterday. (b) I was fascinated by the attractions and buildings. (c) I was most impressed by the beauty of Cinderella Castle. (d) I will never forget its beautiful shape standing against the blues sky.

↓**（添削後）上記の文を「読み手が知っていること」を考慮して添削したもの**

(a) I went to Tokyo Disney Land with my friend, Hanako, yesterday.（そのまま）
(b) The attractions and buildings fascinated me.（←~~Iwas fascinated by the attractions and buildings.~~）
・Disney Land は読者が知っていて，the attractions and buildings は読み手が知っている知識として文頭に置ける。
(c) The beauty of the Cinderella Castle, among them, impressed me most.
←~~I was most impressed by the beauty of Cinderella Castle.~~
・Cinderella Castle も書き手と読み手と共有化したすでに知っている知識と判断できる。
・建物の中の１つということをより明確にするために among them を加える。
・無生物主語を文頭に置いた能動文に文型を変える必要性が生じる。
(d) Its beautiful shape standing against the blue sky will never leave my heart.
←~~I will never forget its beautiful shape standing against the blues sky.~~
・お城をすでに知っている事柄として文の先頭に置いて別の能動態とする。

＊**豊田昌倫他編著『英語のスタイル』(研究社) 菊池繁夫　第６章「文のスタイル」より作成**

**【参考・引用文献】**　・富岡龍明『英語らしい英文を書くためのスタイルブック』(2006) 研究社　・豊田昌倫他『英語のスタイル』(2017) 研究社
・William Strunk Jr., E. B. White, *The Elements of Style Fourth Edition* (2000) Pearson Education

# 第9章

# 書く力をつける
# 家庭学習

# 01 家庭学習のガイダンス

## 書く力をつける家庭学習

第９章では、書く力をつけるために、家庭学習を有効に使うにはどうすればよいかを考えましょう。拙著『英語家庭学習指導ガイドブック』（明治図書、2011）をもとに、書くことを家庭学習に取り入れるポイントを見てみましょう。

## 家庭学習指導の導入方法

以下のような方法で考えると、家庭学習がスムーズに導入できます。
①家庭学習指導の「目的」を定める
具体的な指導を始める前に、指導の「目的」や「目標」を設定することから始めます。目的を設定すると、適切な指導方法が取捨選択しやすくなります。たとえば、私は家庭学習を通して、次の３つを身に付けさせたいと考えています。
１．「学習内容」を身に付ける
２．「学習方法」を身に付ける
３．「学習習慣」を身に付ける

②家庭学習の「方針」（内容や方法）を定める
家庭学習指導の目的が決まったら、達成するために必要な指導方針を定めます（内容や方法）。たとえば私は中学生の家庭学習の中心を「音読」と「ノート」の２つに絞って学習方法を４種類ずつ具体的に提示します。ここではノートに絞って紹介します（音読は上記書籍をご覧ください）。

【ノートトレーニング】（文字練習）
1．まとめ（授業のポイントをまとめる）
2．暗記練習（単語や文を書いて覚える）
3．パターン練習（文の一部を変えてオリジナルの文をつくる）
4．自己表現（あるテーマについて文章で書く）

家庭学習の内容や方法を設定するときは、ポイントが２つあります。

- 練習メニューは生徒が自分で選択できること（自己選択）
学習内容や方法を自分で選択できるようにします。人は自己選択できると「主体性」が増します（自己決定理論より）。「自己裁量権」はやる気を高め、自ら学習する生徒を育てるうえで大切な視点です。
- 学習メニューは厳選すること
選択肢が多すぎると生徒は混乱し、確実な定着が図れません。そこでメニューを厳選（選択と集中）します。

③家庭学習の「頻度や量」を定める

頻度や量は、生徒の実情に応じて決めましょう。「毎日ノート１頁」なのか「１週間でノート５頁」なのかです。時期で変えることもあります。

④家庭学習についてのプリントをつくる

ここまで考えてきた家庭学習の目的や内容・方法・約束事などをまとめた「家庭学習の手引き」（プリント）をつくります。文字にすると指導事項が明確になり、さらに、他教科の先生方や保護者の方にも配布すれば、お互いの考えを共有して協力し合うことも可能です。

さらに、家庭学習の手引きには、ノートの書き方の見本なども入れるとよいでしょう。具体的なイメージが喚起でき、よりよいやり方が生徒に伝わりやすくなります。次の頁（p.154～155）に、家庭学習についてのワークシートを示します。

## 9-1　英語ノートの使い方

**【保存版】　中学１年生　英語ノートの使い方**

ノートの使い方に関して大切なことをお伝えします。よく読んで自分の学習に役立ててくださいね。

1）「**英語はスポーツ**」です。部活と一緒。できるようになるには，「理解」して「練習」することです。

2）家庭で行う英語の練習（トレーニング）は，「音読練習」（読む）と「ノート練習」（書く）が特に効果的です。

3）ともに，「声」を出しながら行うのが，上達を早めるコツです（発音しながら書くなど）。

**「声」を出すと，脳の中で動く部分が大きく増えます。その結果，忘れにくくなります。（脳科学）**

4）家庭で毎日英語トレーニングに取り組むと，英語力がアップします。その理由は，

**人の記憶は，１日で「７割」（74％）忘れます（忘却曲線より）。家でノートをすれば，その分忘れにくくなります。復習しない人は授業の 50 分のみ。家で 50 分する人は１日 100 分。違いますね。**

5）英語とは次のような教科です。　＊蛍光ペンでチェックしよう☆

**①英語はスポーツ。　②英語力が伸びる3つの「や」　～「やる気」「やり方」「やり続けること」～**
**③　英語ノートで「内容」が定着し，「勉強の仕方」が分かる。さらに，「習慣」が身につく。**

6）**1年生の間は「四線ノート」を購入してください。**線にそって書くことで，ていねいな字が書けます。ていねいな人は伸びます。不注意によるミスが減るからです。ノートは「15線（行）」を使用します。

7）購入したノートの表紙には，次の3点をマジックで書いておきましょう。

**①クラス・番号・名前　②Vol.○（何冊目か数字を記入）　③○月△日スタート（ノートを始めた日）**

8）ノートは，1冊を「前」「後ろ」から使います（授業ノートと家庭学習ノートは同じ1冊です）。

**①「前」・・・・・「授業中」，板書を写す時などは，「前から」使います。**
**②「後ろ」・・・「家庭学習」では，ノートを「後ろ」から使います。**

9）ノートには **1 冊目から「通しページ数」**を書きます（各ページ右下）。　**＊家庭学習ページ（後ろ）のみ。**

10）**ノートは，1週間に5ページ以上（授業がない日も学習しましょう）**

定期テストごとに，何ページ行ったかを全体で確認します（例えば，期末テストで「合計30ページ」）。
**テスト勉強の最後のページに，「今回の勉強ページ」と「1冊目からの合計ページ」を記入します。**

11）**ノートを書くときは，日づけ（曜日，月，日にちの順で）を書きます。**例）5月2日火曜日は，Tuesday，May 2nd

＊日にちは，1日は 1st，2日は 2nd，3日は 3rd，それ以外は日にちに th。例：14th 。
**曜日**：Sunday, Monday, Tuesday, Wednesday, Thursday, Friday, Saturday
月：　January, February, March, April, May, June, July, August, September, October, November, December

12）ノートの書き方

①曜日，日付を英語で書きます。　例）Tuesday, January 13th　　＊天気を加えてもよいです。
②その日の「学習メニュー」と「目標」を自分で決めて書きます。（何をするのかを意識して学習）
　学習メニュー例）メニュー②　「暗記練習（とテスト）」
　目標例）「明日は基本文の小テストがあるので，今日は練習＆自己テストで 100 点取る！」
③練習後は「振り返り」を書きましょう。
　例）今日の自己テストでは 100 点取れたが，明日も忘れないよう，テスト前にも復習しよう。

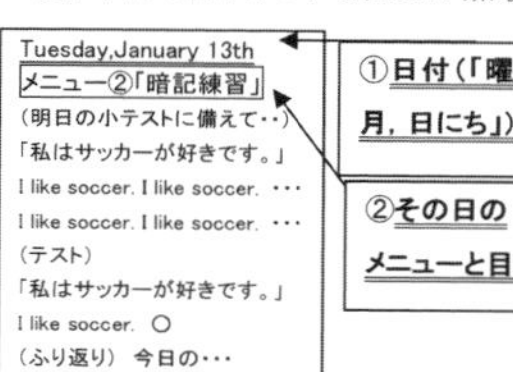

Tuesday,January 13th
メニュー②「暗記練習」
（明日の小テストに備えて・・）
「私はサッカーが好きです。」
I like soccer. I like soccer. ・・・
I like soccer. I like soccer. ・・・
（テスト）
「私はサッカーが好きです。」
I like soccer. ○
（ふり返り）今日の・・・


**①日付（「曜日，月，日にち」）**

**②その日のメニューと目標**

**【練習のメニュー・目標例】（４つから好きなもの）**
①まとめ（その日の板書やポイントをもう一度書く）
②単語や文の暗記練習（最後に自己テスト）
③習った文の一部変えて新文作成（パターン練習）
④自己表現（英作文，英語漫画等）

13）提出は週に１回，英語係が集めて職員室に持参します（書いたページを開いて提出）。

# 9-2　心構え

## 保存版　〔心構え〕

### 1　英語は「勉強」であって，「スポーツ」（技能）でもある

英語は「勉強」であると同時に，部活動などと同じ「スポーツ」（技能）でもある。習った単語や文法を「覚える」だけでなく使えるようになるためには，使ってみる「トレーニング」（練習）が欠かせない。そのための中心となる練習は，次の２つ。

①【 音 】練習　音読，CD を使った単語練習，リスニング練習など。音読は，意味や場面をイメージしつつ気持ちを込めて行う。

②【 文字 】練習　単語や英文をノートに（発音しながら）書いて覚える。問題集等で問題を解く。文字練習の後には音練習を必ず。

### 2　英語トレーニングのポイント（心構え）

英語は，「どんな心構え」で「どう学習するか」で成果が大きく変わる科目である。次のことを心したい。

①『**英語力は，ゆっくりと上がる**』（長期に渡る地道な努力が必要。ただしリスニングは，３ヶ月程度の集中学習で急に伸びることもある）。

②習ったことは１日で７割忘れる（忘却曲線）。復習はいつするか。『**復習は，today，tomorrow，on Sunday**』（清水章弘氏）。

③予習・復習では，『**文字トレと音トレ**』をバランスよく行う。（英語の勉強の５０％は，音練習にあてるつもりで）

④『**音読力は英語力！**』（音読できない英語は聞き取れないし話せない。英語力を上げるには，音読力を上げることを心がける）

⑤**復習は，「まとめる」型・「覚える」型・「解く」型・「練習」型がある。**

「まとめる」型：重要項目の整理／「覚える」型：単語や重要表現の暗記／「解く」型：演習問題／「練習」型：音読や英作文

### 3　ノート学習と提出について　【要注意】

以下の要領で，各自家庭学習を進めること。

①パワーアップノートは，１週間で基本５ページ以上（＝平日１日１ページ以上）を最低限の量とする。（これ以下では学習量が不足）

②パワーアップノートに書く内容は，各自必要なものを自分で選択する。単語練習ばかりに偏らないように次の例を参考にバランスよく行う。

【 単 語 帳 関 係 】●単語帳の単語を書いて覚える　●単語帳のフレーズや文を書いて覚える

【コミュニケーション英語関係】●予習サブノートの新出単語　●本文を書いて重要語句の書き込みをする　●英語で要約する

【 英 語 表 現 関 係 】●テキストの重要表現を書き出す　●参考書（総合英語）でポイントをまとめる　●英作練習

③提出は月曜日。１，２，３（前半）組は～先生に，４，５，６組（後半）は～先生に提出する（１時間目の前まで）。

### 4　文字練習の基本！「ノートトレーニング」のやり方

学習の流れは，①まとめ　→　②暗記　→　③演習　→④表現　の順で進む。

①【まとめ】　授業プリントや参考書，教科書などから重要な項目を抜き出し，まとめ直す（ことで重要ポイントを整理する）。まとめて満足しないこと。まとめたら覚えること。問題集で覚えたかチェックする。これで点が伸びる！

②【暗　記】　覚えたい英文や単語を「音読しながら」書く。単語練習は5の見本例を参考にする。「音読筆写」練習がオススメ！

ア）ノートに，「赤ペン」で覚えたい英文を正しく書く。　イ）その下に，音読をしながら，なるべく速く５回書き写す。

ウ）顔を上げて（何も見ないで）その英文を言えたら，次の英文へ。**＊練習後は，必ず「自己テスト」をして確認する。**

③【演　習】　習ったものを参考に，問題集を解くなどして定着させる。（文字で解いた後は，口頭ですぐに言えるよう音練習をする）

④【表　現】　教科書等の英文を参考に，自分や身の回りのことを説明する文章を書いたり，内容を英語で要約したりする。

### 5　ノートの書き方見本

**＊先輩たちの実物ノート例**（見本を見て，よいものはどんどん取り入れる。自分の開始時レベルが上がる）

【日本語】　【テスト】　【英語練習欄】

□単語の定着には，「練習後の自己テスト」が欠かせない。

□単語練習は，先に「テスト欄」を作って行うとよい。

①ノートに縦線を２本引く（３つの欄に分かれる）

②一番左欄に日本語を書く　③一番右側に英語を書く

④最後に真ん中の「テスト欄」で自己テストをする

# 02 具体的な学習方法を示す

## 家庭学習はプリント配付だけでは身に付かない

先の頁（p.152～155）では、家庭学習についての大切な点をガンダンス資料にまとめる方法について見てきました。

しかし、家庭学習の手引き（プリント）をつくって生徒に説明しただけでは、家庭学習は十分に機能しません。「家庭学習はこのようにやりなさい」と教師が口で説明するだけでは、生徒はそれほどやりませんし、続かず、適切な方法も身に付きません。

そこで、家庭学習を導入・定着させたい４月などの時期には、生徒がどのように家庭学習をするのか、そのやり方や効果を生徒に「体験」して納得してもらう「家庭学習を教える授業」が効果的です。この授業の目標は、「家庭での効果的トレーニングを体験し身に付ける」ことです。

## 家庭学習の方法を学ぶ時間を授業でつくる

たとえば私は、家庭学習を教える時間を年度当初にまるまる１時間とって、次のような内容で指導します。

①「家庭学習のやり方」をまとめる（p.154～155参照）
②生徒に体験してもらいながらやり方を指導する（音読・ノート）
③翌日以降、きちんとできているか確認する

## 「家庭学習を教える授業」のポイント

①家庭学習の仕方を教えるガイダンス授業を終えたら、そこで指導した

ことがその後できているかの確認を続ける（やりっぱなしにしない）

②ノート指導のチェックポイント例

- 学習メニューと目標を書いているか？
- それぞれのやり方は正しいか？

以上のような家庭学習を教える授業を1時間丸々収録した、上山晋平DVD『意欲アップ！習慣定着！「楽しくて効果的な家庭学習法」』（ジャパンライム）などもあります。具体的な指導のやり方を映像で見られるので、よければ、参考になさってください。

## 家庭学習の手引きはノートに貼らせる

家庭学習の手引き（プリント）を使って、家庭学習のやり方を体験的に指導したら、手引き（プリント）はノートの表紙裏に貼らせておくとよいでしょう。生徒は必要なときにすぐにプリントでやり方を確認することができます。指導内容の定着には通常時間がかかるので、指導後にも生徒がアクセスしやすくする工夫が効果的です。

## 家庭学習指導の３原則

家庭学習の習慣化には「体験」が大切と言ったのは、家庭学習には原則があるからです。私は「体験」「仕組み」「サポート」の３つを「家庭学習指導の３原則」と呼んでいます。

①「体験」（家庭学習の方法を体験させる）
②「仕組み」（生徒が続ける仕組みをつくる）
③「サポート」（生徒が続けるサポートをする）

これらは家庭学習指導だけでなく、物事を習慣化させたいときにも使えます。たとえば、野球部の生徒に自宅での素振りを推奨したい場合にも有効です。さまざまな場面で応用できる原則なのです。

# ノート４種類（学習メニュー①～④）の見本

■実物ノート（各レベルの見本を見ることで，どう書けばいいのか具体的に分かる。）

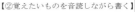

■「日付」・「レベルと練習タイトル」（例：レベル②「暗記練習」）・「通しページ番号」を書く。

【①ノート，教科書等の要点まとめ】

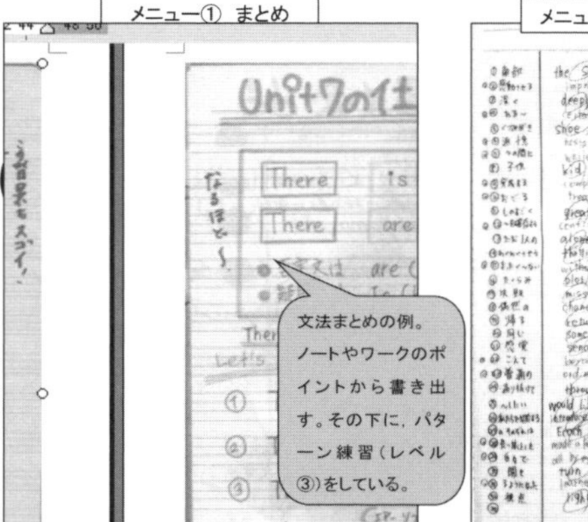

メニュー①　まとめ
Unit7の
There
There
文法まとめの例。ノートやワークのポイントから書き出す。その下に，パターン練習（レベル③）をしている。


【②覚えたいものを音読しながら書く】

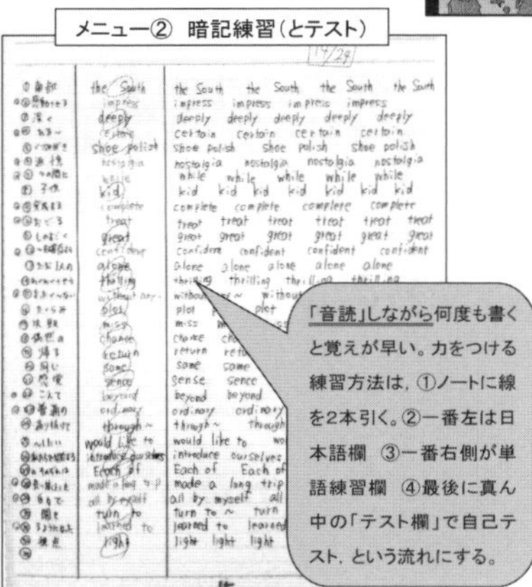

メニュー②　暗記練習（とテスト）
「音読」しながら何度も書くと覚えが早い。力をつける練習方法は，①ノートに線を2本引く。②一番左は日本語欄　③一番右側が単語練習欄　④最後に真ん中の「テスト欄」で自己テスト，という流れにする。


【③単語（主語）を変える，疑問文にする）】

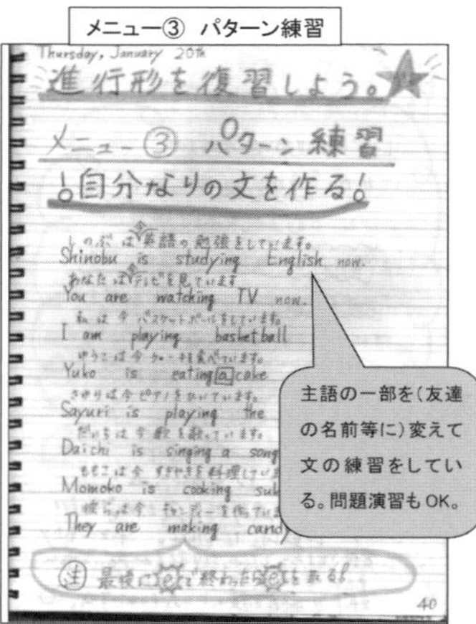

メニュー③　パターン練習
進行形を復習しよう。
メニュー③　パターン練習
自分なりの文を作る！
Shinobu is studying English now.
You are watching TV now.
I am playing basketball
主語の一部を（友達の名前等に）変えて文の練習をしている。問題演習もOK。


【④身の回りのこと・英語日記，英語漫画等】

メニュー④　自己表現
レベル④「自己表現」
教科書の英文を参考に英語漫画を作成。他にも英作文，英語日記等も力がつく。


■各メニュー，バランスよく取り組もう（②「暗記練習」だけでなく，①「まとめ」や④「表現練習」などにも））

## 保存版　〔ノート実例〕

### 1　パワーアップノート使用に関するチェックリスト　10

□①　ノートの表紙に「**パワーアップノート**」「**生徒番号**」「**名前**」を書く。(生徒番号は高校のものを！)
□②　ノート表紙裏に「**家庭学習プリント**」を貼る。(→必要なときにすぐに見ることができるようにするため。)
□③　各ページの下に「**累計ページ数**」を書く。＋その「**週のページ数**」を（　　　）で書く。
□④　ノートの提出期限を守る。いかなる提出物も「期限を守って」「ベストの状態で」提出。(社会人として)
□⑤　ノート練習は，英語力アップのために行う。単語練習だけでなく以下のメニューのように各自工夫する。
□⑥　単語練習をする際は「**1行空き**」をしない。(→文法などのポイント整理で1行空けるのはOK。)
□⑦　単語練習をする際は「**自己テスト**」を行う。(→以下のノート例①参照，自己テストをするからこそ伸びる)
□⑧　自己テストをしたら「**丸つけ**」をする。(→×だった単語は，再び練習して「**再テスト**」をして確認する。)
□⑨　**塾**の問題集の練習をしない。(→塾のものは塾で行う。学校用のパワーアップノートにはしない。)
□⑩　英語表現の **Practice 問題**は Vision ノートにする。

### 2　良いノート紹介（印刷が小さくて見えにくくて申し訳ないです・・）

＊英語は「勉強のやり方が成果に大きく影響する」科目なので，良い方法は積極的にまねてください。

**①単語練習**

□発音しつつ書く（音読筆写）　□縦線を２本引く　□左に「日本語」，右に「英語」練習，最後に真ん中の「テスト欄」で○つけ（間違えたら再練習）□フレーズで覚えるのも推奨

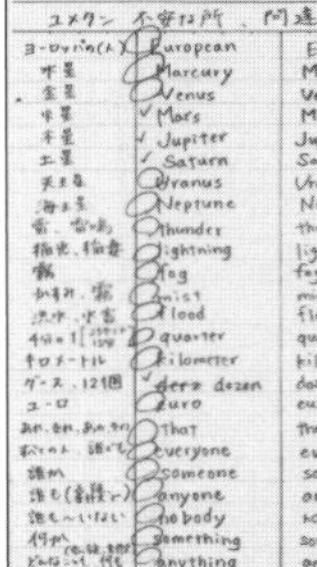

**②本文の重要英文**

□教科書本文から重要熟語や文法を含む英文を書き出す
□それを参考にして自分オリジナルの英作文

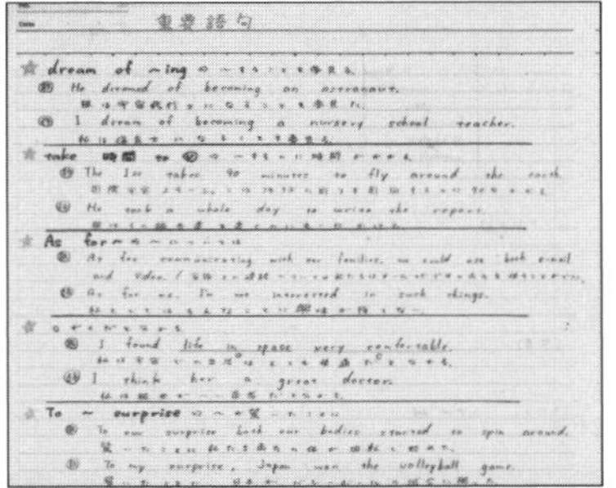

**③教科書本文**

□本文の和訳を「縮小コピー」してノートに貼る
□それを自分で英文に直す（書く量を確保）

**④Lessonの要約**

□本文の要点をマッピングする　□それを英語で要約
□さらに自分の意見（something new）を加えて英作

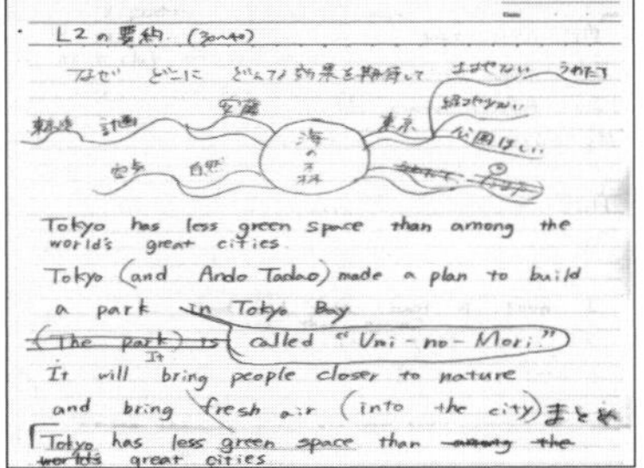

# 03 書くことを習慣にする工夫

## 家庭学習を習慣にするポイント

先の頁で（p.157）、家庭学習を習慣化するには、「体験」「仕組み」「サポート」の３原則が重要と言いました。次の写真をご覧ください。

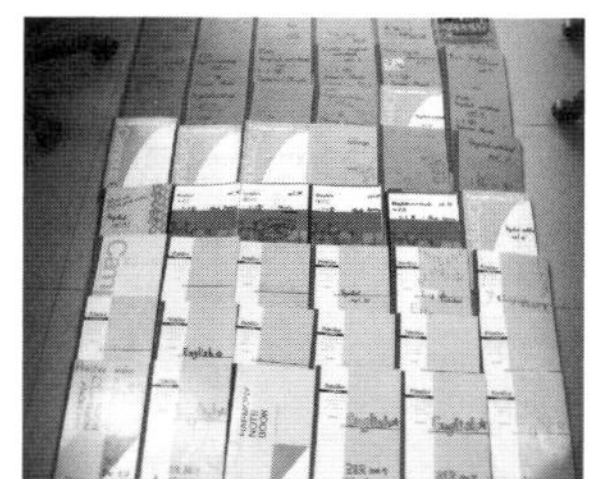

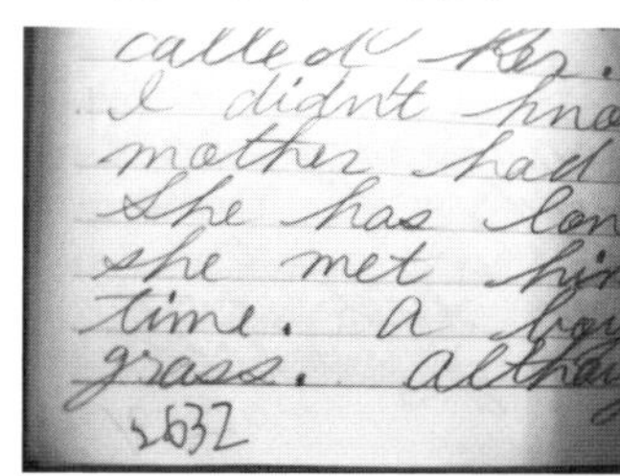


これはある生徒が、中学３年間の家庭学習で使ったすべてのノートです。４８冊で、合計２６３２頁です。彼女は中１時は１５線ノート、中２～中３時は３０線ノートを使っており、１５線ノートに換算すると合計３７６４頁になります（３年間毎日３．４頁学習に相当）。ノート１冊６０頁だと６３冊相当です。

ちなみにノート学習をがんばったのはこの生徒だけでなく、この学年全体でした。３年間のノートページ数をご紹介します（１学年１２０名）。

| | 換算前（１５線＋３０線ノート） | １５線ノートに換算 |
|---|---|---|
| 学年平均 | １５１５ページ | ２３９５ページ（約４０冊） |
| 最高 | ２６３２ページ | ３７６４ページ（約６３冊） |
| 最少 | ９９４ページ | １４９６ページ（約２５冊） |

出典：拙著『英語家庭学習指導ガイドブック』（明治図書、2011）

１５線での換算値を見ると、３年間で「最高６３冊、最少２５冊、平均４０冊」だとわかります。学年平均で１年１３冊の学習量です。

また別の学年でも、毎回の定期テストの１～２週間の度にノート１～２冊を仕上げてくる生徒がいました。学力はそう高くなかったものの学習に前向きになり、保護者の方も大変喜ばれていたのを覚えています。

家庭学習では量がすべてではありませんが、これだけの量を学年全体が学習するには、努力の継続とそれを支える仕組みが不可欠です。どのような仕組みがあったのでしょうか。いくつか紹介します。

①やり方の「体験」

- 家庭学習を自分で行うには、やり方がわかっていることが前提
- 家庭学習は、口で説明するだけでなく体験することで身に付く

②生徒が続ける「仕組み」

- やるよう言うだけで確認をしなければやらなくなるのが普通
- やったことを確認する（提出など）
- 初期段階の指導をとくに大切にする（正しいフォームの形成期）
- 無理なく確認する仕組みをつくる（提出物等）
- やったことを視覚化する（用紙に記録する）
- 成果を小テストや実技テストで確認する（連携する）

③（時間をかけた感情面での）「サポート」

- 機械的な評価（スタンプを押す、成績に入れる）だけでは不十分
- 感情に訴える（ほめる、認める、応援コメント、内容の全体紹介）
- 「努力の達人」などと称して学年全体で紹介する
- 家庭学習の質問をアンケートで把握する・継続の仕方を教える
- 個別サポートが必要な生徒に対しても、「愛するとはその人のために時間を使うこと」と考えてサポートを続ける（p.35参照）

＊家庭学習指導でもっと具体的な方法を知りたい方は、拙著『英語家庭学習指導ガイドブック』（明治図書、2011）をご覧ください。現場で使えるワークシートや具体的な指導例が満載です。

# 第10章

# 書く力を伸ばす
# テスト・評価

# 01 定期テストにまとまりのある文章を出題する

## 定期テストへの出題で本気の準備を促す

第１０章では、書く力を伸ばす定期テストの工夫を見てみましょう。

多くの中高生は、定期テストに関心があります。この「テストへの関心の高さ」は英語学習にプラスに活用できます（波及効果）。テスト前には、英語学習へのモチベーションが高まるからです。つまり、テストに出題することを通して、それに向けた生徒の事前準備（書く）を促すことができるのです。

## まとまりのある文章は「事前予告式」もあり

テストに５０～８０語程度のまとまりのある文章を出題しても、解答用紙が空欄のまま（白紙）では生徒の学力向上にはつながりません。そこで、全員の準備を促すために、私は事前に、英作文のトピックと指示文を生徒に知らせるようにしています（事前予告式の出題）。（もちろん、事前予告をしなくても十分な集団には不要です。）

慣れてきたら２問指定し、どちらか一方を出題するようにすれば、両方準備してくる生徒も増えます。

## テスト用紙の例

定期テストでは、毎回自由英作文を出題するようにすればまとまりのある英文を書くことに慣れてきます。テスト用紙のサンプルは右上です。

### ■自由英作文の定期テストへの出題例

【(実力) 自由英作文】 次の英文を読んで、指示に従って６０語程度（５５～６５語）の英語で書きなさい。 【１０点】

Different people have different reasons for attending college or university. Why do you think people attend college or university?

＊語数（３点)、構成（３点)、文法・語法（４点）の１０点です。
＊解答欄の□に単語を１語ずつ書くこと。
＊コンマやピリオドは、直前の単語を書いた□内に単語に続けて書くこと。

## 解答用紙には解答欄と採点ルーブリックを表示

解答用紙は下のように「語数計算」しやすい枠を書き、その下に評価「ルーブリック」を入れたものをつくっておくと、採点が早くなります。

問３

| | | | | | | |
|---|---|---|---|---|---|---|
| | | | | | | 7 |
| | | | | | | 1 4 |
| | | | | | | 2 1 |
| | | | | c | | 2 8 |
| | | | | | | 3 5 |
| | | | | b | | 4 2 |
| | | | | | | 4 9 |
| | | | | | a | 5 6 |
| | | | | | | 6 3 |
| | | | | | | 7 0 |

＊総語数（　　）語（５５～６５ words)

「生徒はこれより以下は何も記入しないこと」

| | S(４点) | A(３点) | B(２点) | C(１点) | D(０点) |
|---|---|---|---|---|---|
| (１)Length | | ５５～６５ words | ４０～５４ words,<br>６６～words | ２５～３９ words | ０～２４<br>words |
| (２)Structure<br>(OREO) | | O(Opinion)+R(Reason)+<br>E(Explanation, Example) | O(Opinion)+<br>R(Reason) | Not well structured<br>(Nice try.) | |
| (３)Grammar | Perfect<br>(０ mistake) | Almost perfect<br>(～２ major mistakes) | Understandable<br>(～４ major mistakes) | Difficult to understand<br>(５ mistakes～) | |

Total Score ／１０

# 02 ルーブリック評価とは

## パフォーマンステストとルーブルック評価はセット

先の頁（p.164）では、定期テストに５０語程度の長さの自由英作文を事前予告式で出題することのメリットを次のように述べました。

- 生徒の本気の事前準備を促すことができる
- 解答欄が空欄のままの生徒が（ほとんど）いなくなる

この自由英作文もp.110～111の「パフォーマンス評価」の紹介で見たように、書くことにおけるパフォーマンス評価と言えます。（ほかにも、自由記述式のテスト、実技テスト、論文、日記、ディスカッションなどがあります。西岡（2017）では、パフォーマンス評価を「仕事や生活などリアルな状況に類似した状況で、知識・技能を使いこなす能力を評価するもの」としています。）

自由英作文などのようなパフォーマンス評価をする場合は、評価の観点をルーブリックでつくっておく必要があります。そうしないと、語法・文法でミスをする度に減点していては、たくさん書くほどマイナスが大きくなる可能性があるからです。ある程度の長さの英文を書く場合は、大切にしたい観点は、「正確さ」以外にもあるはずです。それらを観点に入れて基準（と規準）をつくることになります。

## 自由英作文の観点

ライティングの研究などにおいては、多くの観点が使われるようです。たとえば、「文法的正確さ（accuracy）」、「文章の長さ（fluency）」、「文法的複雑さ（complexity）」の３観点のものもあれば、「内容」(content)、

「構成」(organization)、「語彙」(vocabulary)、「文法の正確さと複雑さを中心とした言語の使用法(language use)」、「正書法・表記法」(mechanics)の６観点を観点別評価の項目に取り入れたものまであるようです(佐野、2007)。

私は、先のp.165で見たようにライティングの評価観点は「語数」「構成」「正確さ」(文法・語法)の３つにすることが多いです。「内容」を観点に入れていた時期もありましたが、内容の良し悪しは主観的になりがちなため、いまは「構成」に変えています(p.30～31のOREOの「構成」を基本とした場合)。

以下、ルーブリック使用時の留意点です。

- 観点と配点を決める
- 観点や基準(と規準)は、指導のねらいや時期によって変わる
- あまり詳しく分類しすぎると評価に時間がかかる(実用性がダウン)
- パッと見てわかるように言葉はできるだけシンプルにする
  (基準(と規準)が数値であれば、同じ解答を別の人(複数者)が評価しても、評価(点数)がばらつかない(信頼性))
- 中間層を広くすれば採点が早くなるかもしれない
- ルーブリックを解答用紙にも明記すれば採点が早い(p.165参照)
- 評価の観点と基準(と規準)を事前予告することで生徒が準備しやすくなる

## 書く意欲を引き出す「加点方式ライティング」

評価観点を「正確な文の数」だけにすると加点方式なので、自由英作文で量をたくさん書こうとする意欲を引き出すこともできます。

たとえば、次のような取り組みです。

- 正しい１文につき２点とする(ミスのある文は０点)
- 多く書くほど正確な文が増える可能性がある
- 上限得点を設ける(４点～２０点などその学年で設定)
- 上限得点以上書いた場合は、関心・意欲・態度点に入れる実践もある
- 定期テストや単元末、休み明けの英作文で実施しやすい

# 03 復習＆再テストで学年全体の底上げを

## テストは「検診」～虫歯を発見したら治療しよう～

続いて、テストを終えた後の取り組みを考えてみましょう。

次のような取り組みを通して書く力を高めます。

①復習の重要性

次のような言葉で生徒にテスト後の復習の重要性を語ります。

「テストは検診です」「虫歯が発見されたら治療しよう。自然治癒はありません。悪化します」「復習はテスト直後が最も吸収力がよく効果的」

②ミスは宝（宝探し）

生徒に共通するミスをまとめたプリントを作成し（もしくは模範解答に掲載）、「ミスは宝」と言ってみんなで復習します（p.38～39参照）。

③誤答処理

右のようなプリントを使って、テストの復習を促します。

④再テスト

さらに誤答処理の効果を高めるために、最近は、テストの次の授業で、「全員一斉再テスト」をしています。テストの中から、「文法・語法問題」と「英作問題」から２０問を抜粋し、全員で行う再試験です（１５分間)。終了後は、解答を配付しペアで採点をします。重要項目を全員に徹底させ、テストの誤答処理の意義を高めることができる取り組みです。

⑤再々テスト

再テストで不合格（例：７０％未満）の人は、放課後などに再々テストを行います。合格するまでやりたいところですが、そこまで時間はないので、これで不合格な人には追加課題を渡しています。

## 10-1 『誤答処理』の仕方

# 英語『誤答処理』の仕方（５ステップ）

～テストは「診断」。診断して弱点を「治療」する。それが「誤答処理」（復習して弱点補強）～

＊取り組み方をよく読んで，効果的な誤答処理に役立ててください。

（1）試験が終わった後は，自分のテスト結果について，ノートに「誤答処理」を行います。

（2）**「誤答処理」とはテストの復習のこと**です。間違った問題をノートに復習・練習して，**今のうちにできるようにしておく**ことです。**テスト直後は，復習効果が最も高い時期です（旬）。**

（3）**目的は，「できなかった項目を今のうちにできるようにすること」**です。

テストは言わば「診断」であり，誤答処理はその弱点を「治療」することです。「復習は時間がかかって楽しくない」と思う人もいるかもしれませんが，**テストの後に弱点の治療をしないと悪いところはそのままという恐ろしいことになります。テストを終えた今だからこそ，少し時間をとって弱点補強をしましょう。「復習効果はテスト直後が最も高い」**のです！

（4）誤答処理は，１つの問題につき，次の５つの項目で行います（誤答処理専用ノートに書く）

①「問題」 ②「誤答」 ③「正答」 ④正答に至る「解説（理由）」⑤「**練習**」 （３～５回程度）

（5）英語の誤答処理のポイントは，⑤の「練習」をすることです。（練習があるからこそ定着する）。

（6）誤答処理は，リスニングテストについては行わなくてもよいです。

（リスニングスクリプトがある場合は，それを理解して音読しておきましょう）。

| | | |
|---|---|---|
| ① | 1 文法 | 全ての誤答処理を行う。 |
| ② | ~~2 リスニング~~ | 誤答処理はしなくてよい。 |
| ③ | 3 長文 | 単語戻し・英文戻しはしなくてよい。実力読解問題は，未知語と意味を書く。 |
| ④ | 4 英作 | 全ての誤答処理を行う。 |

（7）誤答処理のやり方（例）

＊ノートは見開き２ページで使います。　＊①～⑤の数字も書きます。

間違えた問題だけでよい。

| 【左ページ】 | 【右ページ】 | |
|---|---|---|
| ①間違えた問題を写す<br>（または，問題用紙を貼る） | ②誤答<br>③正答 | ④解説<br>（理由） |

解説（正答に至る理由）を書ければ（理由が理解できたので）類題も解けるということ。書けないと別の問題だと解けないことになる。

⑤練習・・・他の問題とまとめて最後のページで練習。

■【書き方の例】

| 【左ページ】 | 【右ページ】 | |
|---|---|---|
| ①問題（問題用紙を貼ってもよい）<br>2 問１ 日本語の意味を表すように，（　）内に適語を入れなさい。<br><br>①彼の両親はニューヨークに住んでいる。<br>His parents (　　　　) in New York. | ②（自分の）誤答<br>His parents ( lives ) in New York.<br>③正答<br>His parents ( live ) in New York. | ④解説（理由）<br>主語が parents（両親）で複数なので，lives でなく，live となる。（3単現の s はつかない） |

⑤〈練習〉 **＊完全に覚えるまで練習をする（3～5回程度以上）。覚えられないものは覚えるまで。**

His parents live in New York.　His parents live in New York. ・・・・・

**★誤答処理専用ノート！**（自分の改善点が詰まった**宝のノート**。模試や日々の復習にとても役立ちます）

**★誤答処理は自分用にカスタマイズ可能！**（それぞれに合ったやり方で，弱点の穴埋めをしていこう）

# 04 パフォーマンステストで書いて話す力を引き出す

## 定期テストの問題とからめたパフォーマンステストを

定期テストで自由英作文（５０～８０語程度）を「事前予告式」で出題すると、多くの生徒はそれに向けて本気で準備を進め、その結果、書く力の向上につながることを見てきました（p.164～167参照）。

この効果をさらに高めるためには、定期テスト前後に「パフォーマンステスト」を行うことが効果的です。次のようなメリットがあります。

- 生徒は、定期テストに向けて英作文を本気で準備する
- 教師は、パフォーマンステストの問題も定期テストに出題する
- 生徒は、教師の添削をもとにさらに修正して次の準備する

## おすすめのパフォーマンステスト

私がおすすめするのは、１人１分間で行うShort Presentationです。定期テストの範囲の単元から、生徒が好きな単元を選んで、それに基づいてSummary（本文の要約）とSomething new（新情報）をミックスさせて行うプレゼンテーションです。以下、メリットです。

- パフォーマンステストがあると、生徒はそれに向けて毎時間授業で練習するShort Presentationの活動（帯学習）によく取り組む
- 「ICEモデル」を教えて、深い学びに至ることができる（右頁参照）
- スケッチブックを活用したプレゼンは簡単でおもしろい。さらにポートフォリオの役目も果たす。海外に行く際にそれを持参して、自己紹介等に役立ったという生徒も出ている

## 10-2 パフォーマンステスト実施要項

実技テストについての説明です。よく読んで万全の準備に活用してください（30点配点）。

### 【コミュ英】パフォーマンステスト（1分間プレゼン）実施要項

1　実施日　（1～3組）●月●日（●）　（4～6組）●月●日（●）
＊受験者は，教室前の廊下でテストを受ける。
＊他の生徒は教室で「再テスト」や「次のLessonの準備」などをしておく。

2　場　所　教室前の廊下（準備物：机1＋教師用イス）

3　課　題　教科書本文の1分間Short Presentation（Retelling＋α）◆目的は「プレゼン力向上」
①生徒は，L.3かL.4の好きな方を選択してプレゼンする（両方触れてもOK）。
②全員が「プレゼングッズ」（スケッチブック，模造紙等）を作成すること（必ず！！）。
③「巻き込み」（問いかけ等）を工夫して発表に取り入れること。
④できるだけ深い発表内容にすること（本文Summaryだけの発表は避ける）。
●Something new（意見，感想，調べたこと）を入れる。なければ「－2」点。
●Something newの部分を増やすため，Summaryは少なくてもかまわない。
⑤「深い学び」にするために，以下のICEモデルのCやEレベルを目指すこと。
●I（Ideas）：教科書の「要約」・「説明」（Summary）のみの発表
●C（Connections）：他との「比較」・自分の経験や別のこととの「関連」を語る
●E：（Extensions）：教科書の話題から発展して何かを「創造」・「提案」する
＊しっかりと準備をして臨む。プレゼン練習を通して自分のスキルを伸ばすこと。

4　評　価　評価は，Fluency（語数），Accuracy（正確さ），Delivery（伝え方）の3観点。
各10点の4段階評価で，成績に加える。
＊実技テスト前に評価について知っておくことで，準備に反映させることができる。

| 得点 | Fluency（語数） | Accuracy（正確さ） | Delivery（伝え方） |
|---|---|---|---|
| 10 | 80語以上 | 発音・文法ミス2つまで　&　発音very good | プレゼン資料＋巻き込み工夫2つ以上 |
| 7 | 60～79語 | 発音・文法ミス4つまで＆　発音OK ～ good | 資料なし＆2つ以上 |
| 5 | 30～59語 | 発音・文法ミス5つ以上＆　発音OK ～ good | プレゼン資料＆巻き込み |
| 3 | 10～29語 | 発音・文法ミス7つ以上＆　発音Soso | プレゼン資料or巻き込み |

（備考）
①Fluency：語数の満点は「80語」（高校生の全国的な目標語数は60語）。
（参照：西巌弘『ワードカウンターを活用した驚異のスピーキング活動22』（明治図書）
②Accuracy:同じタイプのミス（3単現のsなど）は1つと数える。
③「発音」（自然，抑揚，英語らしい）を意識→正確さ満点には発音very good必要。
④Delivery:相手を引きつける巻き込みの工夫：抑揚，感情，問いかけなど

5　手　順　①教室でテストの「手順」「判定基準」のポイントを再度確認する。
②出席順にテストを行う（1人目は授業者の裁量）。次の2名は廊下で待機（時短）。
③受験者は教師の合図で1分間語り続ける。教師は語数を数えながら評価する。
④1分後，得点と講評をもらって終了。

# おわりに

ここまで執筆を終えて、私なりにライティング指導でとくに大切だと思うことを１０個に整理してみたいと思います。

①「書く力を伸ばしたい」と強烈に意識してそれを生徒と共有する。

②授業内外で「たくさん頻繁に書く」(最初は添削をすることを気にしすぎずに、書く機会を増やす。慣れてきたら観点をもって添削をすると、生徒の書く力はさらに伸びる)

③できるだけ「楽しく書ける」課題設定や環境づくりを行う。
(生徒が「選択」する、他者が読む、自分の伸びが見えるなど)

④集中的にライティングを鍛える特化期間を設ける(帯学習など)。

⑤書くプロセス、とくに書く前の「アイデア出し」や「構成」を行う。

⑥生徒の困難点と突破法の引き出しを多く持ち、各生徒に対応する。

⑦「単語→１文→文章」のレベル別に力を伸ばす方策を実施する。

⑧「筆記テスト」や「パフォーマンステスト」に出題して生徒の本気を促す。

⑨生徒のファンになったつもりで作品を興味深く読み、「どうしたらさらによい書き手になれるか」の観点で添削・コメントをする(書き方、内容)。

⑩教師が書くことに興味を持ち、英語力や知識をアップデートし続ける。

１０個を挙げてみましたが、何か１つのアプローチで全員がうまくいく方法はありません。さらに授業ではライティングばかりをする時間もとれません。そこで、いろいろな場面で短時間で指導できる、いろいろな生徒に使えるやり方を集めたのが本書です。先生方の引き出しを増やすマルチアプローチの本を目指しました。

とは言え、１冊でライティング指導のすべてを語る本は存在しないように、本書にも書ききれなかった点が多くあります。

たとえば、「文字指導」や「辞書指導」、「パソコンを使ったAI添削」などです。それらについてはどうぞ参考文献を含めた他の良書をご覧いただけたらと思います。

ライティング指導は時間がかかりとても大変です。ただし、指導法や英語を勉強すれば見えることも多くなり、それを生かせば生徒のライティング力がつく奥深い分野でもあります。

私もまだまだ勉強中で、今回は大井恭子先生、山岡大基先生、奥住桂先生といったライティング指導の専門家に原稿をご覧いただき、貴重なご助言を賜ることで本書が完成しました。ありがとうございました。

さらに、日頃お世話になっている多くの先生、生徒にも感謝申し上げます。また、ALTのAlexi先生は時間をかけて本書の英文をチェックしてくれました。ありがとう。一緒に暮らしている父や母、妻、そして息子の翔平と娘のひかりにも感謝です。また、編集の河野史香さんもいつも励ましてくださり、ありがとうございます。

この本が、「ライティング指導ができるようになった」という先生や、「ライティングは奥が深くておもしろいかも」という生徒が増えるきっかけになれば幸いです。

２０２０年3月

上山 晋平

## 参考文献


- 大井恭子『「英語モード」でライティング』（講談社インターナショナル、2002）
- 大井恭子編著『パラグラフ・ライティング指導入門』（大修館書店、2008）
- 大下邦幸監修『意見・考え重視の視点からの英語授業改革』（東京書籍、2014）
- 大嶋祥誉監修『マッキンゼーで学んだフレームワークの教科書』（洋泉社、2019）
- 大関浩美編著『フィードバック研究への招待』（くろしお出版、2015）
- 大塚謙二『Q＆A英語授業に悩んだら読む本』（学陽書房、2015）
- 大野真澄「ライティングにおける〈正確さ〉と〈流暢さ〉をどう育てるか」『英語教育』２０１３年１０月号（大修館書店）
- 上山晋平『英語家庭学習指導ガイドブック』（明治図書、2011）
- 上山晋平『英語教師のためのアクティブ・ラーニングガイドブック』（明治図書、2016）
- 木村博是ほか編集『英語教育学体系第１０巻　リーディングとライティングの理論と実践』（大修館書店、2010）
- キャロル・ヴォーダマンほか『親子で学ぶ英語図鑑』（創元社、2014）
- 小林昭江『英語教師の四十八手　ライティングの指導』（研究社、2002）
- 小林翔『生徒のやる気を引き出す　モチベーション・マネジメント５０』（明治図書、2018）
- （財）語学研究所編集『英語指導技術再検討』（大修館書店、1988）
- 酒井英樹ほか編著『「学ぶ・教える・考える」ための実践的英語科教育法』（大修館書店、2018）
- 佐野富士子「ライティング力をつけるための授業」（三省堂ウェブサイト、三省堂高校英語教育２００７年夏号）
  https://tb.sanseido-publ.co.jp/english/h-english/pr/07_summer/07-summer_02.pdf
- 正頭英和『英語授業の裏ワザ指導術』（明治図書、2018）
- 白畑知彦『英語指導における効果的な誤り訂正』（大修館書店、2015）
- スー・F・ヤング、ロバート・J・ウィルソン 原著、土持ゲーリー法一 監訳、小野恵子訳『「主体的学び」につなげる評価と学習方法　カナダで実践されるICEモデル』（東信堂、2013）
- 鈴木渉編『実践例で学ぶ第二言語習得研究に基づく英語指導』（大修館書店、2017）
- 竹岡広信『竹岡広信のトークで攻略 京大への英語塾』（語学春秋社、2011）
- 田中武夫・田中知聡『「自己表現活動」を取り入れた英語授業』（大修館書店、2003）
- 田中武夫ほか編著『推論発問を取り入れた英語リーディング指導』（三省堂、2011）

- 丹治和世「英語の学習障害について」『英語教育』２０１８年１１月号（大修館書店）
- 土屋澄男『英語指導の基礎技術』（大修館書店、1983）
- 手島良『これからの英語の文字指導』（研究社、2019）
- 富岡龍明『論理思考を鍛える英文ライティング』（研究社、2003）
- 富岡龍明『英語らしい英文を書くためのスタイルブック』（研究社、2006）
- 豊田昌倫ほか編著『英語のスタイル』（研究社、2017）
- 中村哲三『英文テクニカルライティング７０の鉄則』（日経BP社、2011）
- 西岡加名恵「知識を総合的に使うパフォーマンス課題でこれから求められる資質・能力を育成・評価」河合塾Guideline ２０１７年４・５月号
- 根岸雅史『テストが導く英語教育改革』（三省堂、2017）
- 長谷川潔『英作文の指導法　改訂版』（大修館書店、1979）
- 樋口忠彦ほか編著『英語授業改善への提言』（教育出版、2012）
- 日向清人『即戦力がつく　英文ライティング（DHC、2013）
- プロジェクト・ワークショップ編『増補版　作家の時間　「書く」ことが好きになる教え方・学び方【実践編】』（新評論、2018）
- 望月昭彦編著『新学習指導要領にもとづく英語科教育法　第３版』（大修館書店、2018）
- 望月昭彦ほか編著『英語４技能評価の理論と実践』（大修館書店、2015）
- 文部科学省『中学校学習指導要領（平成２９年告示）解説 外国語編』（開隆堂出版、2018）
- 文部科学省『高等学校学習指導要領（平成３０年告示）解説 外国語編 英語編』（開隆堂出版、2019）
- 山岡大基『英語ライティングの原理原則』（テイエス企画、2018）
- 米山朝二『新編　英語教育指導法事典』（研究社、2011）
- JACET SLA研究会編著『第二言語習得と英語科教育法』（開拓社、2013）
- Ann Raimes, *Techniques in Teaching Writing* (Oxford University Press, 1983).
- David Barker, *An A-Z of Common English Errors for Japanese Learners* (BTB Press, 2010).
- Jeremy Harmer, *The Practice of English Language Teaching Fourth Edition* (Person Longman, 2007).
- Ken Hyland, Fiona Hyland, *Feedback in Second Language Writing：Contexts and Issues* (Cambridge University Press, 2006).
- William Strunk Jr., E.B.White, *The Elements of Style, Fourth Edition* (Pearson Education, 2000).
- Zuzana Tomas, Ilka Kostka, Jennifer A. Mott-Smith, *Teaching Writing* (TESOL International Association,2013).

## 著者紹介


**上山　晋平**（かみやま・しんぺい）

１９７８年広島県福山市生まれ。広島県立福山誠之館高等学校卒業後、山口大学教育学部入学。２０００年からオーストラリア・キャンベラ大学に交換留学。その後、庄原市立東城中学校、中高一貫校の福山市立福山中学校に勤務。２００９年から同校の高校教諭となり、中学・高校の英語授業を担当。英語教育・達人セミナーや研究会、校内研修、学会、ALT研修会等の各種研修会で発表を行う。著書に、『はじめてでもすぐ実践できる！ 中学・高校 英語スピーキング指導』（学陽書房）、『英語４技能統合型の指導＆評価ガイドブック』（共編著、明治図書）、『英語教師のためのアクティブ・ラーニングガイドブック』（明治図書）、『高校教師のための学級経営３６５日のパーフェクトガイド』（明治図書）、『英語家庭学習指導ガイドブック』（明治図書）、『英語テストづくり＆指導完全ガイドブック』（編著、明治図書）、『「プロ教師」に学ぶ真のアクティブ・ラーニング』（分担執筆、開隆堂出版）、『英語教師は楽しい』（分担執筆、ひつじ書房）、『成長する英語教師をめざして』（分担執筆、ひつじ書房）、問題集『Think and Quest キミが学びを深める英語１・２』（分担執筆、ラーンズ）があり、DVDに『意欲アップ！習慣定着！「楽しくて効果的な家庭学習法」』（ジャパンライム）、『ライブ！英語教育・達人セミナー in 広島・福山～Activeな授業づくりをめざした実践例～』（ジャパンライム）がある。月刊『英語教育』（大修館）で２０１５～２０１７年に連載担当。中学校検定教科書『COLUMBUS ２１』（光村図書）編集委員。ESDやSDGsを取り入れ、校外機関と連携を行い、タイで開かれたユネスコの国際会議でプレゼンを行うなど、新しい教育、学校づくりに励んでいる。



**ニガテな生徒もどんどん書き出す！**
**中学・高校英語　ライティング指導**

2020年３月18日　初版発行

著　者　上山　晋平（かみやま　しんぺい）
発行者　佐久間重嘉
発行所　学 陽 書 房
〒102-0072　東京都千代田区飯田橋1-9-3
営業部／電話　03-3261-1111　FAX　03-5211-3300
編集部／電話　03-3261-1112
振替　00170-4-84240
http://www.gakuyo.co.jp/

ブックデザイン／スタジオダンク
DTP制作／ニシ工芸
印刷・製本／三省堂印刷

Shimpei Kamiyama 2020, Printed in Japan　ISBN 978-4-313-65397-9　C0037